DAS VENEDIG BUCH

DAS VENEDIG BUCH

DAS VENEDIG BUCH

DAS VENEDIG BUCH

DAS VENEDIG BUCH

DAS VENEDIG BUCH

DAS VENEDIG BUCH

DAS VENEDIG BUCH

DAS VENEDIG BUCH

DAS VENEDIG BUCH

DAS VENEDIG BUCH

ZU DIESEM BUCH

»Es gibt zwei Arten von Städten: alle anderen und Venedig«, stellte der Schriftsteller Henry James fest. In der Stadt auf dem Wasser ist tatsächlich vieles anders. Seit über 1500 Jahren trotzen die Venezianer auf den 117 Inseln ihrer Lagune dem Wasser ihren Lebensraum ab und kämpfen seither dagegen, von dieser Naturgewalt wieder besiegt zu werden. Ständig vom Untergang bedroht, erblühte in den historischen »sestieri«, den sechs Stadtteilen der Altstadt, eine einzigartige und große Kultur, die lange Zeit über das gesamte westliche Mittelmeer bis nach Griechenland und Asien bedeutenden Einfluss ausübte. Venedig ist unvergleichlich, geheimnisvoll und voller Wunder. Mit einfachen Worten lässt sich »das schöne Gegengewicht der Welt«, wie Rilke die Lagunenstadt bezeichnete, kaum beschreiben. Denn Venedig erscheint uns wie eine Mischung aus Wirklichkeit und Traum, aus

ZU DIESEM BUCH

Geschichte und Mythos. Wohl an keinem anderen Ort der Welt ist Vergänglichkeit so unmittelbar erfahrbar wie hier. Der morbide Charme der Stadt wird gespeist aus dem Wissen um die einzigartige Pracht, die die Stadt vor Jahrhunderten entfaltete, und um ihren ebenso einzigartigen Niedergang. Venedig steht gleichermaßen für Höhepunkte von Kunst und Architektur wie ausschweifendes, weltverliebtes Leben, für das der Carnevale di Venezia und die Person Casanovas zu Inbegriffen wurden. Aber Venedig ist auch nach wie vor ungemein vital: Es widersteht den Fluten der Adria, in denen die Stadt zu versinken droht, ebenso wie allen Tendenzen, es zu einem Freilichtmuseum im Disneyland-Stil zu machen. Venedig, das Dante »Gottes Wunder« und Marcel Proust »ein Heiligtum« nannte, lässt sich nicht einfach besichtigen, Venedig muss bestaunt werden.

Gondeln, die übers Wasser gleiten, Kanäle, Brücken und enge Gassen, die zu kleinen Plätzen führen – allenthalben trifft man in Venedig auf romantische Winkel.

INHALT

Oben: Seit Jahrhunderten bietet die Stadt dem Reisenden, der mit dem Schiff kommt, einen festlichen Empfang an der Piazzetta mit dem eleganten gotischen Dogenpalast und dem alles überragenden Campanile.

Bilder auf den vorherigen Seiten:
S. 1: Besucherin des berühmten Karnevals.
S. 2/3: Blick von der Riva degli Schiavoni zur Klosterinsel San Giorgio Maggiore.
S. 4/5: Prächtig ausgestaltet ist die Fassade des Dogenpalastes.
S. 6/7: Herrlich bunt sind die Fischerhäuser auf Burano angestrichen und vermitteln ein lebendiges Flair.
S. 8/9: Im Sestiere Castello steht das Arsenale, die ehemalige Schiffswerft der venezianischen Seeflotte.
S. 10/11: Beim Carnevale di Venezia überwiegen historische Kostüme und aufwendig verzierte Masken.

SAN MARCO	**16**
Piazza di San Marco	18
Cappuccino und Walzerklänge: Caffè Florian	24
Torre dell'Orologio	27
Museo Civico Correr	27
Basilica di San Marco	28
Der heilige Markus	30
Mosaiken	32
Piazzetta di San Marco	34
Biblioteca Marciana	40
Stadt der Feste	42
Acqua alta	44
Die Dogen – Oberhäupter der Seerepublik	46
Palazzo Ducale	48
Der Aufstieg Venedigs zur Serenissima	50
Der Niedergang der Serenissima	52
Ponte dei Sospiri	54
Giacomo Casanova – Abenteurer und Literat	56
San Giorgio Maggiore	58
Hotel Danieli	62
Rund um den Campo San Moisè	65
San Moisè	65
Harry's Bar	66
Palazzo Contarini del Bovolo	68
Santa Maria del Giglio	69
Zauber der Masken: Karneval in Venedig	70
Teatro La Fenice	72
Venezianische Musik	74
Chiesa di San Salvador	76
Shoppingparadies Mercerie	78
CANAL GRANDE	**80**
Canal Grande	82
Von San Marco zum Ponte dell'Accademia	88
Paläste im Wasser	90
Gondeln, Gondolieri & Traghetti	92
Vom Ponte dell'Accademia zum Rialto	94
Regata Storica	96
Ponte di Rialto	98
Vom Rialto zur Ca' Pesaro	104
Von der Ca' Pesaro zur Piazzale Roma	106
Verkehr in Venedig	108
SANTA CROCE UND SAN POLO	**110**
Mercato di Rialto	112
San Giacomo di Rialto	114
Campo San Polo	116
Carlo Goldoni und die Ca' Goldoni	118
Santa Maria Gloriosa dei Frari	120

INHALT

Tizian – Sinnlichkeit der Malerei	122	**CANNAREGIO**	164	Museo Storico Navale	204
Scuola Grande di San Giovanni Evangelista	124			*La Biennale: Kunst, Architektur,*	
Scuola Grande di San Rocco	126	Ghetto	166	*Film, Tanz, Musik und Theater*	206
Palazzo Mocenigo	128	Chiesa della Madonna dell'Orto	168		
Fondaco dei Turchi	130	Campo dei Mori	170	**INSELN DER LAGUNE**	208
San Nicolo da Tolentino	132	*Venezianische Spezialitäten*	172		
San Giacomo dall'Orio	134	Misericordiaviertel	174	San Pietro di Castello	210
Ombre e Cicchetti	136	San Geremia	176	Isola di San Michele	212
		Santa Maria Assunta dei Gesuiti	178	Murano	214
DORSODURO	138	Santa Maria dei Miracoli	180	*Muranoglas – zerbrechliche Kunst*	216
		Marco Polo	182	Burano	218
Campo Santa Margherita	140	San Marcuola	184	*Das ist Spitze! Buranos Klöppelhandwerk*	220
Ca' Rezzonico	142	Ca' d'Oro	184	Mazzorbo	222
Campo San Trovaso und Zattere	144	Fondaco dei Tedeschi	185	Torcello	224
Galleria dell'Accademia	146			San Francesco del Deserto	226
Farbe und Licht – venezianische Malerei	148	**CASTELLO**	186	Lido	228
Collezione Peggy Guggenheim	150			San Lazzaro degli Armeni	230
Basilica di Santa Maria della Salute	152	Campo Santi Giovanni e Paolo	188	Pellestrina	232
Punta della Dogana	154	Basilica dei Santi Giovanni e Paolo	190	Chioggia	234
La Giudecca	156	Rund um den Campo Santa Maria Formosa	192	Villen am Brentakanal	236
La Zitelle	158	Palazzo Querini Stampalia	195		
Il Redentore	158	Palazzo Grimani	195		
Canale della Giudecca	160	*Verborgene Schönheiten: Venedigs Gärten*	196	Register	238
Kreuzfahrthafen – Fluch und Segen	162	San Zaccaria	198	Bildnachweis, Impressum	240
		Scuola di San Giorgio degli Schiavoni	200		
		Arsenale	202		

15

SAN MARCO

Mit der Basilica di San Marco und dem Palazzo Ducale, dem berühmten Dogenpalast, war das Sestiere San Marco über Jahrhunderte das geistliche und weltliche Zentrum Venedigs. Noch heute bildet dieses nach dem Stadtpatron, dem Evangelisten Markus, benannte, von drei Seiten vom Canal Grande umflossene Viertel, das im Nordosten an Cannaregio und Castello angrenzt, den Mittelpunkt der Stadt und zieht die Touristenströme an. Seine prunkvollsten Gebäude stehen am Südufer, wo sich von der Piazzetta di San Marco aus der Blick auf die Lagune öffnet – ein ganz unvergleichliches Panorama.

PIAZZA DI SAN MARCO

Der Markusplatz ist das Herz der Serenissima. Wer auf dem Wasserweg kommt, betritt ihn über die zur Lagune hin offene Piazzetta mit dem Dogenpalast (Bildmitte) und der gegenüberliegenden Biblioteca Marciana.

PIAZZA DI SAN MARCO

Schon im 9. Jahrhundert diente der Markusplatz als Vorplatz der Kirche San Marco. Viele Jahrhunderte, in denen er Kulisse für Feste, Prozessionen und Veranstaltungen war, haben seine Gestalt geformt. An der Ostseite liegen die Basilika und der Campanile. An der Nord- und Südseite schließen sich die Prokuratien an: im 16. Jahrhundert errichtete, prachtvolle Verwaltungsgebäude. Den Abschluss auf der Westseite bildet die Ala Napoleonica, die sich Napoleon Bonaparte 1810 als Residenz errichten ließ. Wer den »schönsten Salon Europas«, wie der Korse die Piazza nannte, stilvoll erleben möchte, der sollte eines der Kaffeehäuser aufsuchen, vor denen Walzermusik erklingt. Eine grandiose Aussicht hat man von dem im 12. Jahrhundert erbauten Campanile aus, dem Glockenturm der Basilika. 1902 eingestürzt, wurde er innerhalb von zehn Jahren rekonstruiert.

PIAZZA DI SAN MARCO

PIAZZA DI SAN MARCO

Von allen Plätzen Venedigs trägt der Markusplatz als einziger den Namen Piazza, alle anderen werden Campo genannt. Nachfolgende Panoramaseite: Einen der schönsten Blicke über die Piazza hat man vom Markusdom zur Ala Napoleonica mit den Procuratie Vecchie und den Procuratie Nuove. Unten: Blick über die vor der Piazza gelegene Piazzetta; links: Tauben und Touristen vor dem Markusdom.

CAPPUCCINO UND WALZERKLÄNGE: CAFFÈ FLORIAN

Seit 1615 trinkt man in Venedig Kaffee. Nur wenige Jahre nach dem Tee wurde das Luxusgut aus dem Orient über Konstantinopel in die Lagune eingeführt. Schon um die Mitte des 17. Jahrhunderts entstand hier vermutlich die erste »Bottega del caffè«. Im Jahr 1720 eröffnete Floriano Francesconi das Café »Alla Venezia trionfante« am Markusplatz, das später »Caffè Florian« genannt wurde und sich rasch zu einem der bekanntesten und teuersten Kaffeehäuser weltweit entwickelte. Zunächst verkehrte hier der Adel, dann fanden sich Künstler und Intellektuelle ein. Die Dichter Goethe und Balzac weilten hier, der englische Maler William Turner ebenso wie die Komponisten Verdi, Wagner und Liszt. Auch die Literaten Proust und Mark Twain, Germaine de Staël, Thomas Mann und Ernest Hemingway ließen sich hier auf einen Kaffee nieder. Weitere Häuser mit ebenfalls imposantem Interieur wie das »Caffè Lavena« und das »Gran Caffè Quadri« etablierten sich bald in der Nähe des »Florian«. Den Charme, mit dem diese Cafés die heutigen Besucher anziehen, entwickelten die Etablissements in der Zeit der Habsburgerherrschaft: Man nutzte sie als Stätten des geselligen Austauschs und zur Zeitungslektüre, Kapellen begannen, die Atmosphäre musikalisch zu untermalen.

CAPPUCCINO UND WALZERKLÄNGE: CAFFÈ FLORIAN

Das älteste Café Europas, das berühmte »Caffè Florian« unter den Bogengängen der Neuen Prokuratien an der Piazza San Marco, erhielt 1858 sein heutiges Aussehen. Die kleinen Räume sind thematisch dekoriert. Und noch heute spielt ein Liveorchester hier die Musik von Vater und Sohn Johann Strauss, zu deren Walzerklängen es die Besucher genießen, zu sehen und gesehen zu werden.

TORRE DELL'OROLOGIO

MUSEO CIVICO CORRER

TORRE DELL'OROLOGIO

Vor der Hauptfassade der Markuskirche erhebt sich links der Torre dell'Orologio, ein Ende des 15. Jahrhunderts erbauter Uhrturm über einem Renaissanceportal, der im 18. Jahrhundert um ein Geschoss erhöht wurde. Er ist von einer Glocke gekrönt, die zur vollen Stunde von zwei Mohrenstatuen aus Bronze geschlagen wird. An jedem Epiphaniastag (6. Januar) und an Christi Himmelfahrt ist eine Prozession von Figuren der Heiligen Drei Könige auf der Galerie über der Uhr zu bewundern. Das Zifferblatt der astronomischen Uhr besteht aus Lapislazuli und zeigt neben der Uhrzeit auch die Wanderung der Tierkreiszeichen sowie Sonnen- und Mondphasen an. Unter dem Torre dell' Orologio hindurch gelangt man in die Mercerie dell' Orologio mit ihren zahlreichen Geschäften.

Links: Der Torre dell'Orologio schließt sich an die Alten Prokuratien, die Procuratie Vecchie, an und wurde von Mauro Codussi (um 1440–1504) errichtet, während das dritte Geschoss von Giorgio Massari (1687–1766) stammt. Unten: Detail der astronomischen Uhr.

MUSEO CIVICO CORRER

In der Ala Napoleonica, dem napoleonischen Flügel, und den Neuen Prokuratien liegt das Museo Civico Correr, das die venezianische Geschichte dokumentiert. Der Gelehrte Teodoro Correr (1750 bis 1830), nach dem dieses Museum benannt ist, vermachte seine umfangreiche Sammlung an Dokumenten, Objekten und Kunstwerken zur Geschichte Venedigs seiner Heimatstadt unter der Bedingung, dass diese dort ein Museum einrichtete. Doch nicht nur Besucher, die sich für alte Stiche, Münzen, Waffen und Hinterlassenschaften der Dogen interessieren, kommen hier auf ihre Kosten. Das Museum verfügt auch über eine Kunstsammlung allererster Güte, unter anderem mit Werken der Malerfamilie Bellini, mit Kunst von Tizian und Tintoretto. Dem Museum sind auch eine Bibliothek und eine grafische Sammlung angeschlossen, deren Bestände zum Teil in Wechselausstellungen der Öffentlichkeit zugänglich gemacht werden.

Links: Ausstellung in den Räumen der Neuen Prokuratien zur Stadtgeschichte Venedigs. Unten: Illustration der Geschichte der Alatiel aus Boccaccios »Dekameron«, 15. Jahrhundert.

SAN MARCO

BASILICA DI SAN MARCO

Im 11. Jahrhundert wurde über den Resten zweier Vorgängerbauten mit dem Bau des Markusdoms begonnen. Sein Grundriss beschreibt die Form eines griechischen Kreuzes. Vierung und Arme sind jeweils von Kuppeln überwölbt. Die orientalische Anmutung der Kirche entstand in einer zweiten Bauphase nach der Eroberung von Byzanz. Vom 14. bis zum 16. Jahrhundert erfolgte eine Gotisierung der Kirche. Die einer Vorhalle vorgelagerte Fassade ist durch fünf Bogenportale mit Mosaiken im byzantinischen Stil gegliedert, in die man Beutestücke von Kriegszügen der Serenissima eingearbeitet hat. Hoch darüber stehen auf einer Galerie die legendären Pferde von San Marco. Dabei handelt es sich um riesige vergoldete Bronzeskulpturen, deren Originale die Venezianer im Jahr 1204 in Konstantinopel erbeuteten. Auch die vier Seitenbögen hinter der Galerie zeigen Mosaiken.

BASILICA DI SAN MARCO

Die reich geschmückte Fassade mit ihren goldglänzenden Mosaiken, säulenverzierten Portalen, gotischen Tabernakeln und Statuen zieht alle Blicke am Markusplatz auf sich. Die einstige Hauskapelle des Dogen und Staatskirche der Republik ist das bedeutendste mittelalterliche Bauwerk Venedigs. Im Museo Marciano über der Vorhalle kann man die vergoldeten Bronzepferde der Fassade im Original bewundern.

DER HEILIGE MARKUS

Venedigs Anfänge liegen im Dunkeln. Dokumente dazu gibt es nicht, aber zumindest ein Geburtsdatum hat man sich ausgedacht: den 25. März 421. Ähnlich erfindungsreich erwies man sich, als es um die Legende des Evangelisten Markus ging, der auf seinen Missionsreisen auch die Lagune von Venedig bereist haben soll. Zwar ist es fast ausgeschlossen, dass der Heilige, der als erster Bischof von Alexandria zugleich Begründer der koptischen Kirche in Ägypten war, sich wirklich in Venedig aufhielt. Aber die Legende genügte, um einen Bezug zwischen dem Heiligen und der Stadtrepublik herzustellen, der venezianische Handelsreisende veranlasste, das Markusgrab zu plündern und die Gebeine nach Venedig zu überführen. Angeblich wurden die sterblichen Überreste in einem Fass mit Schweinefleisch versteckt, dessen Berührung den moslemischen Zöllnern untersagt war. San Marco, der im 9. Jahrhundert damit Theodor Tiro als Schutzpatron ablöste, wurde für Venedig zum »Nationalheiligen« und in Abgrenzung zu Petrus, Andreas und Martin, die in Rom, Byzanz und Frankreich besondere Verehrung erfuhren, zum Ausdruck eines unabhängigen Herrschaftsverständnisses. Deshalb ziert auch sein Attribut, der geflügelte Löwe, das Wappen der Lagunenstadt.

DER HEILIGE MARKUS

Der Markuslöwe, der mit einer Pranke ein Buch hält (unten: am Markusdom), wurde als Hoheitszeichen im ganzen Herrschaftsbereich der Republik angebracht: Venedig handelte unter dem Patronat des Heiligen, und wer gegen Venedig war, war auch gegen den Evangelisten (unten links: Statue des Heiligen auf dem Markusdom). Links: Darstellung des Markus als Ratgeber für die Stadträte im 16. Jahrhundert.

PAX TIBI MARCE EVANGELISTA MEUS

BASILICA DI SAN MARCO: MOSAIKEN

Vor allem wegen seiner Mosaikkunst ist der Markusdom einzigartig. In den Kuppelgewölben, den Wänden und der Vorhalle wurde im 12. und 13. Jahrhundert eine Fläche von mehr als 4000 Quadratmetern mit Mosaiken gestaltet, für die man Gold als Hintergrundfarbe wählte. Das älteste Mosaik befindet sich in der Kuppel vor der Vierung und zeigt das Pfingstwunder; in der Mittelkuppel ist die Himmelfahrt Christi dargestellt, in der nördlichen das Leben des Evangelisten Johannes, und die südliche zeigt die Heiligen Nikolaus, Clemens, Blasius und Leonhard, von denen die Kirche Reliquien besaß. In der Chorkuppel erscheint der segnende Christus mit Maria und Propheten. Unter ihm befindet sich die berühmte Pala d'Oro: Diese Altartafel ist ein Meisterwerk der Goldschmiedekunst, in das Hunderte in Zellenschmelztechnik hergestellte Emailletafeln und Edelsteine eingearbeitet sind.

BASILICA DI SAN MARCO: MOSAIKEN

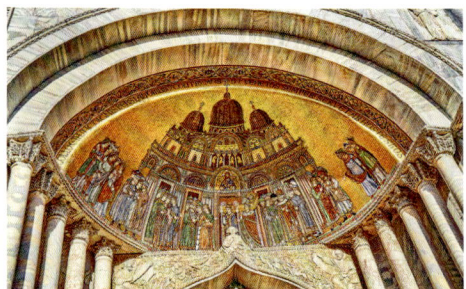 

Ungemein prunkvoll wirkt der über und über mit goldgrundigen Mosaiken überzogene Innenraum von San Marco. Ganz links: Das einzig erhaltene Mosaik aus dem 13. Jahrhundert an der Porta Sant'Alipio zeigt die Überführung der Gebeine des heiligen Markus in die Kirche. Links: Lünette aus dem 17. Jahrhundert an der Westfassade. Bilder unten: Mosaiken der Vorhalle und die Pfingstkuppel.

PIAZZETTA DI SAN MARCO

Die Piazzetta zwischen Dogenpalast und Biblioteca Marciana wurde als »Empfangssalon Venedigs« bezeichnet. Hier legten einst die großen Schiffe der diplomatischen Gesandtschaften an, deren aristokratisches Personal in den Palazzo Ducale geleitet wurde. Den Blick der Ankommenden auf Markuskirche und Uhrenturm rahmen zwei hohe Granitsäulen mit den Herrschaftszeichen der Republik: Die Colonne di Marco e Teodoro werden v[...] vom heiligen [...] vom »neuen« [...] Der Doge Do[...] angeblich im J[...] Jahrhundert[...] guren von ihr[...] Platz, wo zwis[...] fentlichen Hin[...]

PIAZZETTA DI SAN MARCO

PIAZZETTA DI SAN MARCO

Unten: Die beiden Granitsäulen bilden den eindrucksvollen Rahmen für die Piazzetta. Die linke (westliche) Statue zeigt den Stadtheiligen Theodor Tiro, der auf einem Krokodil stehend posiert, das den Drachen symbolisieren soll, den er getötet hat. Die östliche Statue stellt den Markuslöwen dar. Zwischen den beiden Säulen hindurch geht der Blick auf die Klosterinsel San Giorgio Maggiore (links).

BIBLIOTECA MARCIANA

Dem Dogenplatz gegenüber liegt die Biblioteca Marciana, die Markusbibliothek, die Jacopo Sansovino im 16. Jahrhundert im Stil der römischen Renaissance gestaltete. Der später zur Lagune hin verlängerte Bau zählt zu den Höhepunkten der Renaissance in der Stadt. Der plastisch-körperhafte Stil hat seine künstlerischen Wurzeln allerdings in Rom, wo Sansovino seine Ausbildung erhielt. Die Vorliebe für die kleinteiligen Schmuckformen und die Gleichmäßigkeit der langen Front sind aber typisch für Venedig. Ihre prächtig ausgestatteten Räume beherbergen eine bedeutende Sammlung griechischer, lateinischer und orientalischer Handschriften. Die Bibliothek hat heute ihre Räume ausgeweitet auf die gleich nebenan liegende Zecca, das ehemalige Münzgebäude, das ebenfalls von Sansovino errichtet wurde.

BIBLIOTECA MARCIANA

Die Räume der Biblioteca Marciana sind ebenso wie ihre Fassade prunkvoll mit Gemälden und Skulpturen ausgestattet worden (unten rechts: Statue im Eingangsbereich der Bibliothek). Zu den Schätzen in ihren Bücherregalen gehören auch eine französische Handschrift über das Leben Alexanders des Großen aus dem 14. Jahrhundert (ganz links) und ein venezianisches Manuskript aus dem 15. Jahrhundert (links).

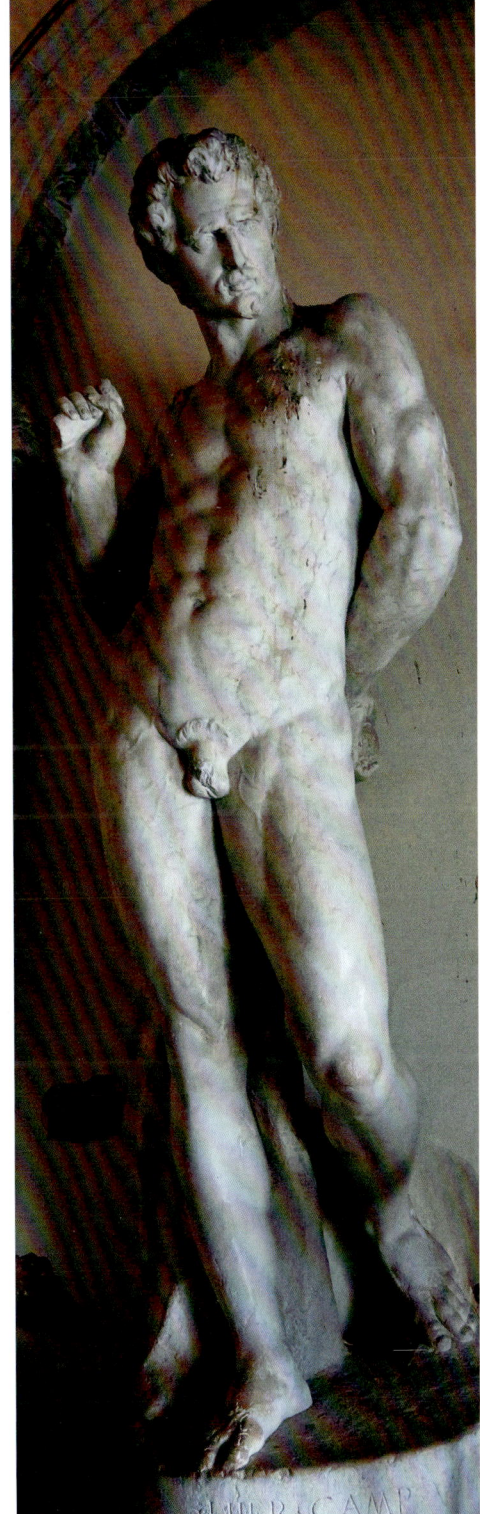

STADT DER FESTE

Kaum ein Monat, der in Venedig ohne ein Fest oder Festival vergeht. Die größten davon sind weltbekannt und ziehen stets Hunderttausende Touristen in die Stadt: der Carnevale di Venezia im Februar/März, die Filmfestspiele auf dem Lido jeweils im September sowie die in jährlichem Wechsel im Spätsommer stattfindende Kunst- und Architekturbiennale. Weitere Feiern erinnern an die ereignisreiche Geschichte der Seerepublik. Die auch Festa della Sensa genannte »Vermählung mit dem Meer« am Sonntag nach dem Himmelfahrtstag ist eine prächtige Prozession historischer Gondeln über den Canal Grande. Hier wird am ersten Septembersonntag auch die »Regata storica« ausgetragen. Der Bucintoro, das repräsentative Staatsschiff der Dogen, und Hunderte historischer Bootstypen mit Besatzungen in traditionellen Kostümen nehmen an diesem Umzug teil. Ein besonderer Tag alljährlich ist der Tag des heiligen Markus (25. April), an dem jeder Venezianer seiner Partnerin eine rote Rose verehrt und zahlreiche öffentliche Feiern zelebriert werden. Zweimal im Jahr – im Juli und im November – gedenkt man in Venedig bei der Festa del Redentore und der Festa della Salute mit großen Prozessionen der Opfer der Pestepidemien, die zweimal in der Stadt wüteten und etwa 150 000 Menschen das Leben kosteten.

STADT DER FESTE

Unten: In Erinnerung an das Ende der Pestepidemie 1576 fahren bei der Festa del Redentore am dritten Sonntag im Juli alle Boote mit Lampions geschmückt am Abend auf die Kanäle, um bei Essen und Trinken das Mitternachtsfeuerwerk zu erwarten. Links: Anlässlich der Festa della Sensa am Sonntag nach Himmelfahrt findet ein Umzug historischer Boote von San Marco zum Lido mit anschließender Regatta statt.

ACQUA ALTA

Über die ganze Stadt verteilt, liegen sie bereit: ungezählte zusammengeklappte Stege. Bei Acqua alta (auf Deutsch: »hohes Wasser«), dem in den Wintermonaten regelmäßig auflaufenden Hochwasser, werden sie aufgestellt. Die Häufigkeit und die Stärke des Hochwassers haben seit dem ausgehenden 20. Jahrhundert rapide zugenommen. Gründe dafür sind das Absinken des zu industriellen Zwecken vermehrt genutzten Grundwassers, das Ausbaggern der Hafeneinfahrten, das Verschlammen der Kanäle und die Klimaerwärmung. Seit dem Jahr 1908 ist der Wasserpegel um zwölf Zentimeter gestiegen. Ohne Gegenmaßnahmen wird Venedig in absehbarer Zeit versinken. Eine Rettung verspricht man sich von dem im Bau befindlichen Projekt »Modulo Sperimentale Elettromeccanico« (M.O.S.E.). Vor den Eingängen der Lagune sollen 78 hydraulische Fluttore am Grund der Adriazuflüsse verankert werden; jedes 30 Meter lang, 20 Meter breit und fünf Meter dick. Im Normalfall werden sie mit Wasser gefüllt am Meeresboden liegen, doch wenn in der Lagune der Pegel auf einen Stand von mehr als 1,10 Metern zu steigen droht, können sie mit Druckluft leergepumpt und aufgerichtet werden, um den Wellen der Adria den Weg in die Lagune zu versperren.

ACQUA ALTA

»Land unter« ist im venezianischen Winter kein Ausnahmefall. Kniehohe Gummistiefel gehören in dieser Jahreszeit zum Alltagsbild, und die Venezianer tragen sie mit der gleichen Gelassenheit, mit der sie über die Holzstege nicht nur am Markusplatz gehen. Trotz Acqua alta schätzen manche diese Jahreszeit besonders. Joseph Brodsky etwa meinte kategorisch: »Jedenfalls würde ich niemals im Sommer hierherkommen.«

SAN MARCO

DIE DOGEN – OBERHÄUPTER DER SEEREPUBLIK

Die Herrschaft der Dogen als Stadtoberhäupter der Lagunenstadt reicht bis in das 7. Jahrhundert zurück, in dem Venedig Teil des Byzantinischen Reichs war. Paoluccio Anafesta wurde angeblich 697 zum ersten »dux« (so die lateinische Bezeichnung für militärische Führer) ernannt. Der erste urkundlich gesicherte Doge ist jedoch der 726 erwähnte Orso Ipato. Er regierte wie seine Nachfolger mit unbegrenzter Machtfülle. Erst eine Verfassungsreform im 12. Jahrhundert übertrug viele Befugnisse des Dogenamtes auf den neu geschaffenen »Rat der Zehn«. Seitdem übernahmen die Dogen bis zur von Napoleon erzwungenen Abdankung des letzten Amtsinhabers im Jahr 1797 vorwiegend repräsentative Aufgaben.

Wegen des hohen Wahlgeldes, das die Kandidaten für die Dogenwahl zu zahlen hatten, konnten nur Vertreter der reichsten Familien in das lebenslange Amt gewählt werden. Die Wahl fand öffentlich auf dem Markusplatz statt. Als Zeichen seiner Macht war dem Dogen das Tragen einer »corno« genannten Kappe und des »bavaro«, eines Hermelinumhangs, vorbehalten. Das ebenfalls exklusive Recht, im Palazzo Ducale zu leben, währte jedoch häufig nur kurz: Viele Dogen starben bald eines unnatürlichen Todes. Insgesamt führten in zehn Jahrhunderten 120 Dogen die Amtsgeschäfte aus.

DIE DOGEN – OBERHÄUPTER DER SEEREPUBLIK

Großes Bild: Agostino Barbarigo in einer Darstellung des 18. Jahrhunderts. Links: An der 1442 vollendeten Porta della Carta des Dogenpalasts kniet der Doge Francesco Foscari vor dem Markuslöwen. Kleine Bilder von links oben im Uhrzeigersinn: Leonardo Loredan, 16. Jahrhundert; Porträt des Francesco Venier durch Tizian, 1555; Giovanni Mocenigo von Gentile Bellini, um 1485; Ludovico Manin, der letzte Doge, 18. Jahrhundert.

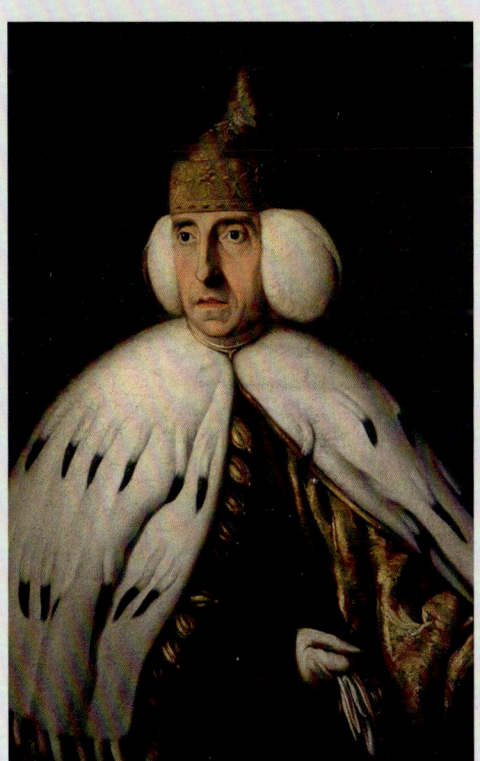

PALAZZO DUCALE

Der Palazzo Ducale diente zugleich als Wohnsitz des Dogen, als Rathaus, Gericht und Gefängnis. Seine dreiflügelige Form erhielt er ab dem 15. Jahrhundert. Links der Balustrade, direkt am Dom, liegt die Porta della Carta: Das »Papier-Tor« erhielt seinen Namen, weil es einfachen Bürgern zur Abgabe schriftlicher Bittgesuche diente. Den Innenhof des Palastes schmücken der an römische Triumphbögen erinnernde Arco Foscari und die Scala dei Giganti, eine von Kolossalstatuen bestandene Prachttreppe. Im Palast findet sich eines der größten Ölgemälde der Welt: Tintorettos »Paradies« (1588) im Saal des Großen Rates. Das grandiose, die Serenissima verherrlichende Deckengemälde in diesem Raum stammt von Paolo Veronese. Weitere Bilder dieser beiden Künstler schmücken die Sala del Collegio. Sehenswert ist zudem die Scala d'Oro, eine Prunktreppe mit vergoldeter Stuckatur.

PALAZZO DUCALE

Ursprünglich war der Sitz der venezianischen Stadtrepublik ein von Wasser umgebenes Kastell – das jedoch bereits im 12. Jahrhundert eher einem Palast glich denn einer wehrhaften Burg. Leicht und filigran wirkt seine Gotikfassade (links). Unten: Im Saal des großen Rates wurden alle wichtigen Entscheidungen über Staatsangelegenheiten getroffen. Blickfang ist Tintorettos »Paradies«, das größte Tafelbild der Welt.

DER AUFSTIEG VENEDIGS ZUR SERENISSIMA

Mit dem 11. Jahrhundert begann der Aufstieg Venedigs zu einer der bedeutendsten Mächte des Mittelmeerraums. Dieser Erfolg basierte auf vier Grundlagen: Zunächst verfügte die Republik über beste Beziehungen sowohl zu Byzanz als auch zum Kaiser des Heiligen Römischen Reichs und zum Papst, die sie in Vermittlungen wie im Ausspielen der Partner gegeneinander geschickt nutzte. Zudem führte der Seehandel zu wachsendem Wohlstand, der im Laufe der Zeit noch gesteigert werden konnte – stellte doch die besondere Lage der Stadt in der Lagune drittens einen hervorragenden Schutz vor feindlichen Angriffen dar; anders als andere Städte der Zeit blieb Venedig mithin von Zerstörungen verschont. Und schließlich profitierte es von den Kreuzzügen, für die die Stadt zum bevorzugten Lieferanten von Kriegsmaterial, vor allem Schiffen, wurde.

Die Seefahrerrepublik Genua fühlte sich durch die Ambitionen Venedigs bedroht. Nach kleineren gewaltsamen Auseinandersetzungen eskalierte im Jahr 1380 die Situation: Die Genueser schickten ihre Flotte in Richtung Lagune, wo sie bei Chioggia von den Venezianern vernichtend geschlagen wurde: Venedig, nun die unbestrittene Herrscherin über die Adria, wurde zur Serenissima: zur »Durchlauchtigsten«.

DER AUFSTIEG VENEDIGS ZUR SERENISSIMA

Unten: In der Sala del Maggior Consiglio des Dogenpalasts erinnert Francesco Bassanos (1549–1592) Wandgemälde an die Übergabe des heiligen Schwerts (1174) durch Papst Alexander III. an den Dogen Sebastiano Ziani. Links: Ein Beutestück des Vierten Kreuzzugs, an dem sich die Seerepublik beteiligte, ist die spätantike Porphyr-Skulptur der Tetrarchen am Markusdom.

DER NIEDERGANG DER SERENISSIMA

Noch nicht einmal 100 Jahre währte die uneingeschränkte Macht der Venezianer im östlichen Mittelmeer. 1453 eroberten die Türken Konstantinopel und brachten einen Großteil der von Venedig abhängigen Gebiete unter die Hoheit des Osmanischen Reichs. Zwar gelang es einer christlichen Flotte unter venezianischer Führung, die Türken 1571 bei Lepanto zu besiegen, doch änderte dies wenig: Im Jahr zuvor bereits war Zypern an die Osmanen gefallen, 1669 folgte Kreta, 1718 der Peloponnes. Der sich über drei Jahrhunderte hinziehende Niedergang der Serenissima war unaufhaltsam. Durch die Entdeckung Amerikas und des Seewegs nach Indien verlagerte sich der Welthandelsverkehr. Venedig verlor sein gewinnträchtiges Monopol auf den Gewürzhandel mit der Levante und büßte einiges von seinem Glanz ein. Zwar gelang es im 15. Jahrhundert noch, weite Teile des Veneto der eigenen Herrschaft zu unterwerfen und nach Paris und Neapel zur drittgrößten Stadt Europas aufzusteigen – doch im Jahr 1504 formierten sich einige europäische Großmächte, unterstützt von Kaiser und Papst, zur Liga von Cambrai und führten bis 1516 einen Kampf gegen die Seerepublik, der zwar ergebnislos blieb, aber beide Seiten ziemlich schwächte. Hinzu kamen zwei Pestepidemien, die 1576 bzw. 1630 viele Opfer forderten.

DER NIEDERGANG DER SERENISSIMA

Während andere Mittelmeermächte aufbrachen, um die »Neue Welt« zu erkunden und dort Reichtümer zu erwerben, fürchtete die Stadtrepublik um ihren Erhalt. Ein letzter Sieg gelang Venedig in der Schlacht von Lepanto, die von Andrea Vicentino (um 1542–1617) in der Salla dello Scrutinio im Dogenpalast verewigt wurde (unten). Links: Francesco Guardis (1712–1793) Darstellung des Endes der Pestepidemie 1630.

PONTE DEI SOSPIRI

An seiner Lagunenseite sind zwei Teile des Dogenpalastes durch eine überdachte Brücke verbunden. Den volkstümlichen Namen »Seufzerbrücke« erhielt der Ponte dei Sospiri erst im 19. Jahrhundert – in der Vorstellung, dass die im Gerichtssaal des Palastes Verurteilten hier »mit einem letzten Seufzer« zu den Gefängnissen geführt wurden. Dabei unterschied man zwei Arten: Als »pozzi« (Brunnen) wurden jene Zellen bezeichnet, die sich in den feuchten steinernen Kellerverliesen unter dem Wasserspiegel befanden. »Piombi« (Bleikammern) nannte man die Zellen im Dachgeschoss, die – mit Blei ausgekleidet – im Sommer mörderisch heiß wurden. Der berühmteste Häftling in den Piombi war der legendäre Frauenheld Giacomo Casanova, der im Jahr 1755 wegen Atheismus verurteilt worden war und dem im Jahr darauf die spektakuläre Flucht über das Dach des Nachbarhauses gelang.

PONTE DEI SOSPIRI

Zum Reliefschmuck des Dogenpalasts gehört auch die Darstellung des »trunkenen Noah« an der Ecke zum Ponte della Paglia hin (links). Die zu Beginn des 17. Jahrhunderts aus Kalkstein errichtete Brücke, die ihren heutigen Namen erst im 19. Jahrhundert erhielt, führt in einem eleganten Bogen zu den Prigioni Nuove, dem Gefängnis aus dem 16. Jahrhundert, zu denen auch die berüchtigten Bleikammern zählten.

SAN MARCO

GIACOMO CASANOVA – ABENTEURER UND LITERAT

Eine der schillerndsten Gestalten der venezianischen Geschichte ist Giacomo Casanova (1725 bis 1798). Der ausgebildete Jurist, der sich in ganz Europa unter anderem als Soldat, Musiker, Theaterdirektor und Geheimagent durchs Leben schlug, gilt als Inbegriff des Abenteurers und amourösen Draufgängers. Grundlage für diesen Ruf sind vor allem Casanovas Memoiren, die er in seinen letzten Lebensjahren als Bibliothekar des Grafen Waldstein auf Schloss Dux in Böhmen verfasste und mit denen er in die Weltliteratur einging. In seinem Lebensbericht beschreibt der Lebemann, wie er immer wieder Opfer seiner Leidenschaften wurde: Sein Hang zum Alkohol verhinderte eine Laufbahn als Geistlicher, seine Beziehungen zu (nicht selten verheirateten) Frauen brachten ihm Duelle und Verfolgungen ein. Hinter diesen Selbststilisierungen verbirgt sich das Leben eines weltoffenen Vertreters aufklärerischen Denkens. Denn nicht zuletzt war es ebenso Casanovas Drang, als Bürgerlicher in eine vom Adel dominierte Welt vorzudringen, wie seine der Freimaurerei zugewandte Geisteshaltung, die seine Persönlichkeit bestimmte. Diese Züge waren auch der Grund, warum jene Stadt, die ihn heute stolz zu ihren großen Persönlichkeiten rechnet, Casanova einkerkern ließ und dann zur Flucht ins Ausland trieb.

GIACOMO CASANOVA – ABENTEURER UND LITERAT

Viele Filme wurden über Casanova gedreht, der erste bereits im Jahr 1919 als Stummfilm. Marcello Mastroianni verkörperte ihn im Film »Flucht nach Varennes« von Ettore Scola aus dem Jahr 1982 (unten links, mit Andréa Ferréol und Daniel Gélin). Bilder links: Casanovas Porträt auf einem Kupferstich von 1788 und ein Stich aus dem 18. Jahrhundert, der seine Flucht aus den Bleikammern darstellt.

SAN MARCO 57

SAN GIORGIO MAGGIORE

Von der Piazzetta aus schaut man über den Canale di San Marco hinweg auf die leuchtend weiße Marmorfassade der Kirche San Giorgio Maggiore, die auf dem gleichnamigen Inselchen liegt. Im Jahr 1565 entwarf Andrea Palladio die dreischiffige Benediktinerkirche, deren Grundriss ein lateinisches Kreuz beschreibt und deren langer Mönchschor ebenso nach Palladios Tod errichtet wurde wie der Campanile. Nach Plänen des Architekten wurden auch Konventsgebäude und Kreuzgänge gestaltet. Unverkennbar – besonders am lichten Kircheninneren – ist das Vorbild der römischen Antike. Im Kirchenraum verdienen Baldassare Longhenas Grabmal (1667) für den Prokurator Lorenzo Venier und der Hochaltar von Girolamo Campagna besondere Aufmerksamkeit. Zwei große Gemälde im Presbyterium, das »Mannawunder« und das »Letzte Abendmahl«, sind Spätwerke Tintorettos.

SAN GIORGIO MAGGIORE

Unten: Die Klosterkirche (1566–1610) besticht durch ihre Fassade, die zwei antike Tempelfronten hintereinander staffelt. Vom Campanile aus ist der Blick auf Venedig grandios. Man gelangt mit einem Vaporetto von der Piazzetta aus zu ihr. Im Inneren ist der monumentale Hochaltar mit Bronzefiguren von Girolamo Campagna (1549 bis 1625) ebenso ein Blickfang (links) wie das hölzerne Chorgestühl (ganz links).

SAN MARCO

SAN GIORGIO MAGGIORE

SAN GIORGIO MAGGIORE

Schon im 10. Jahrhundert residierten auf der Insel Benediktinermönche. Die auf Fernsicht angelegte Fassade geht auf Palladio zurück.

HOTEL DANIELI

Unweit der Seufzerbrücke liegt direkt an der Riva degli Schiavoni, der Lagunenpromenade, eine der exquisitesten Hoteladressen Europas. Das Gebäude des Hotels Danieli wurde gegen Ende des 14. Jahrhunderts für den Dogen Dandolo im Stil der Gotik errichtet. Seit 1822 als Hotel genutzt, wurde das dreigeschossige Gebäude mit seiner auffälligen rosafarbenen Fassade und einer erlesenen Innenausstattung zum bevorzugten Aufenthaltsort berühmter Künstler. Vorlage zu einem Kinofilm (»Eine leidenschaftliche Affäre«, 1999) wurde der Aufenthalt der verheirateten George Sand mit ihrem zehn Jahre jüngeren Geliebten Alfred de Musset (1832). Auch Richard Wagner weilte hier. Aber nicht deshalb ging das Haus in die Musikgeschichte ein, sondern weil hier 1630 mit »Proserpina rapita« von Claudio Monteverdi die erste Oper in Venedig aufgeführt wurde.

HOTEL DANIELI

Elegante Säulen und Bögen schmücken die Fassade des einstigen Palazzo Dandolo. Handgemachte Kronleuchter aus Muranoglas zieren die Empfangshalle des Hotels, in dem berühmte Gäste wie Balzac, Dickens, Proust und George Sand logierten. Letztere schrieb in ihrer Autobiografie: »Venedig war die Stadt meiner Träume, und alles, was ich sah, übertraf meine Erwartungen« (»Histoire de ma vie«, 1855).

SAN MARCO

RUND UM DEN CAMPO SAN MOISÈ

SAN MOISÈ

RUND UM DEN CAMPO SAN MOISÈ

Wie an kaum einem anderen Platz kann man am Campo San Moisè die Vielfalt venezianischen Lebens beobachten. An seiner Ostseite liegt die gleichnamige Kirche mit ihrer Barockfassade aus dem 17. Jahrhundert. Sie beherbergt Gräber der Fini-Familie und bemerkenswerte Kunstwerke, darunter eine Fußwaschung von Tintoretto. Die Pracht weltlichen Lebens verdeutlicht die Ca' Giustinian am Canal Grande. Der spätgotische Palast war einst Nobelherberge, in der unter anderem Giuseppe Verdi logierte, und wird heute von der Verwaltung der Biennale genutzt. Zwischen den beiden Gebäuden liegen Orte des Vergnügens: Der Ridotto, eines der ältesten Spielkasinos der Welt, wurde später zum Theater, dann zum Hotel umfunktioniert. In Harry's Bar wurden die Rezepte für den Bellini-Cocktail und das Carpaccio, eine Vorspeise aus rohem Rindfleisch, erfunden.

Zwischen 1638 und 1774 konnte man im Il Ridotto (deutsch »Privatgemach«), einem Seitenflügel des Palazzo Dandolo, dem Spielvergnügen frönen (links). Unten: Fassaden der Ca' Foscari und der Ca' Giustinian am Canal Grande.

SAN MOISÈ

Sie gilt als eine der ältesten Kirchen Venedigs: San Moisè, die Moses geweihte Kirche, geht zurück auf das 8. Jahrhundert. Damals schon soll sich ein Gotteshaus an diesem Platz befunden haben. Einige der Venedig heimsuchenden Großbrände haben auch diese Kirche in den Jahren 1105 und 1632 zerstört, und sie wurde in den Folgejahren immer wieder neu aufgebaut. Aus dem 17. Jahrhundert stammt die von Skulpturen überbordende Barockfassade. Sie gilt als ein fast übertriebenes Exempel des venezianischen Barock. Die Plastiken stammen von dem deutschen Bildhauer Heinrich Meyring. Nicht weniger üppig geht es im Inneren zu, in dem sich die Kirche allerdings auch ein wenig dunkel zeigt. Das wichtigste Kunstwerk ist das Gemälde »Fußwaschung« (1548/49) von Jacopo Tintoretto. Das Chorgestühl stammt noch aus einem Vorgängerbau des 16. Jahrhunderts.

Das »Letzte Abendmahl« von Jacopo Palma dem Jüngeren (um 1548–1628, unten rechts) gehört zu den wichtigsten Gemälden der Kirche mit ihrer auffälligen Fassade (links), die auch im Inneren prächtig ausgestaltet ist.

SAN MARCO

HARRY'S BAR

Ernest Hemingway machte sie berühmt: Harry's Bar gehört wohl zu den bekanntesten Treffpunkten in der Stadt. Nahe dem Markusplatz fand der amerikanische Dichter hier ein Plätzchen zum Nachsinnen und setzte der Bar in seinem Werk »Über den Fluss und in die Wälder« ein literarisches Denkmal. Die Bar, in den 1930er-Jahren eröffnet, kann auf einige prominente Gäste zurückblicken: Truman Capote und Orson Welles waren schon hier. Ob sie den berühmten Bellini getrunken haben, lässt sich heute nicht mehr nachvollziehen. Sicher ist, dass das Mixgetränk aus Pfirsichmark und Champagner hier erfunden wurde und anschließend wie die Bar selbst Weltruhm erlangte. Serviert wird der Bellini heute noch im Wasserglas statt im Champagnerkelch. Der Gründer der Bar, Giuseppe Arrigo Cipriani, war ein erfindungsreicher Gastronom. Er hat sein Lokal nach seinem Sponsor, dem Amerikaner Harry Pickering, benannt und ganz nebenbei wohl auch noch das Carpaccio erfunden, weil eine seiner Besucherinnen kalorienreduziert essen musste. Bis heute hat sich hier nicht viel verändert, Gäste atmen noch immer die Hemingway-Atmosphäre. An den 20 Tischen mit den gediegenen Ledermöbeln lässt sich bis heute so mancher Star entdecken, denn noch immer ist Harry's Bar eine der berühmtesten Bars der Welt.

HARRY'S BAR

Mit weißem Sakko und weißer Fliege sehen die Barleute sehr edel aus: Harry's Bar zählt heute noch zu den wichtigsten Szenelokalen der Stadt. Der Bellini, ein Mix aus Pfirsichmark und Champagner, ist das beliebteste Getränk des Hauses (links), Filmstars, Schriftsteller und Millionäre geben sich hier immer noch ein Stelldichein, besonders während der Biennale ist die Promidichte hoch.

PALAZZO CONTARINI DEL BOVOLO

Schnecke heißt auf venezianisch »bovolo« – und wer sich das runde Türmchen des Palastes einmal genauer anschaut, merkt schnell, warum dieser Bau die Schnecke in seinem Namen trägt. Der Treppenturm wirkt wie ein Zylinder, der an den gotischen Adelspalast angebaut ist. Und ein wenig erinnert er manchen Besucher auch an den schiefen Turm von Pisa. Im Jahr 1499 war diese bauliche Raffinesse eine absolute Novität. Errichtet ist die Treppe wie eine Reihe ineinander verschlungener Loggien, die sich wie ein Schneckenhaus nach oben schrauben und fünf Etagen miteinander verbinden. Eine solche Wendeltreppe aus Stein war zu Zeiten der Renaissance auch ein Zeichen von hoher Baukunst. Es wird noch durch den Kontrast der weiß eingefassten Rundbögen und Balustraden zu den dunklen Ziegensteinen verstärkt. Das Bauwerk endet im oberen Stockwerk in einem Kuppelraum, der eine schöne Aussicht über die Stadt bietet. Errichtet wurde der Palast im Auftrag von Pietro Contarini, aus dessen weitverzweigter Familie nicht weniger als sechs Dogen hervorgingen.

Von außen spektakulär mit den Verzierungen und dem gedrehten Turm, von innen eher bodenständig mit ihrer Optik aus Ziegelsteinen: Die Treppe des Palazzo Contarini del Bovolo ist eine Meisterleistung damaliger Statikkunst – Wendeltreppen waren eine Novität.

68 SAN MARCO

SANTA MARIA DEL GIGLIO

Wenn Bauherren früher mit großzügigen Spenden Kirchenumbauten unterstützten, wurde ihnen zumeist entsprechend gehuldigt. So war es auch im Jahr 1678, als der Gouverneur Antonio Barbaro für den Kirchenumbau von Santa Maria Zobenigo, wie das Gotteshaus Santa Maria del Giglio auch im Volksmund genannt wird, 30 000 Dukaten spendete. Für seine Großzügigkeit wurde Barbaro schließlich mit reicher figürlicher Darstellung bedacht: So zeigt die barocke Fassade mit den korinthischen Halbsäulen nicht nur das Wappen der Familie, sondern der Bauherr ist ebenso als Kriegsherr als Marmorstatue über dem Portal zu sehen. Szenen der Seeschlachten und das Wappen seiner Familie sind dort zudem verewigt, anstatt, wie eigentlich üblich, biblische Szenen darzustellen. Auch im Inneren ist die Kirche sehenswert; dort sind Kunstwerke von bedeutenden Malern wie Jacopo Tintoretto, Jacopo Palma dem Jüngeren oder auch Peter Paul Rubens ausgestellt.

In den Friesen der Fassade sind Szenen von Seeschlachten verewigt anstelle von Apostel- und Jesusdarstellungen. Der Geldgeber des Baus, Antonio Barbaro, hatte in seinem Testament verfügt, wie die Kirche ausgeschmückt werden sollte. Er wollte damit sich und seiner Familie ein Denkmal setzen.

ZAUBER DER MASKEN: KARNEVAL IN VENEDIG

Neben Rio de Janeiro und den Städten entlang des Rheins ist kein Ort weltweit so berühmt für seinen Karneval wie Venedig. Jedes Jahr locken fantastisch verkleidete Menschen, stilvolle Kostümfeste sowie Musik-, Theater- und Puppenspielarbietungen Touristen in die Stadt. Die Tradition des bunten Treibens reicht bis in das hohe Mittelalter zurück und entwickelte im Lauf der Zeit immer prächtigere Formen, mit denen die Tage vor Beginn der Fastenzeit gefeiert wurden. Seinen Ruf als Inbegriff von zügelloser Exotik und Erotik erhielt das Fest, das jährlich am Fastnachtsdienstag seinen Höhepunkt erreicht, im 17. und 18. Jahrhundert. Unter der Herrschaft Napoleon Bonapartes war es für Jahre verboten; erst in den letzten Jahrzehnten konnte es an den einstigen Glanz anknüpfen. Einzigartig ist die Maskerade, die ihren Ursprung in den Kostümierungen des Commedia-dell'Arte-Theaters hat. Typisch sind die »bautta«, ein Kapuzenumhang, und die »volto« oder »larva« genannte weiße oder schwarze Halbmaske aus Pappmaché, die die obere Gesichtshälfte bedeckt; zudem gehören für die männlichen Narren ein Dreispitz und für die Damen federnbesetzte Kopfbedeckungen zur Ausstattung. Die Herstellung der aufwendigen Verkleidungen brachte die »Maschereri«, ein eigenes Gewerbe der Maskenmacher, hervor.

ZAUBER DER MASKEN: KARNEVAL IN VENEDIG

Das Spiel mit Masken und Kostümen: Beim Carnevale di Venezia sind der Fantasie heute keine Grenzen gesetzt. Im 18. Jahrhundert wurde der Karneval offiziell von einem vermummten Staatsdiener eröffnet. Zwei Monate lang, bis Aschermittwoch, war das Tragen von Masken erlaubt. Venedig galt damals als die amüsierfreudigste Stadt Europas: »Wer sich amüsiert, macht keine Revolution«, meinten die Behörden.

SAN MARCO 71

TEATRO LA FENICE

Nachdem das Teatro San Benedetto, bis dahin 40 Jahre lang Venedigs führendes Opernhaus, 1773 abgebrannt war, beschloss die Betreibergesellschaft nach Streitigkeiten mit den Grundstückseignern den Bau eines neuen Opernhauses am Campo San Fantin. Errichtet in den Jahren 1790 bis 1792 nach Entwürfen des Architekten Gian Antonio Selva, wurde das neue Haus in Anspielung auf die Brandkatastrophe »Teatro La Fenice« (»Phönix-Theater«) genannt. Als müsse es diesem Namen gerecht werden, brannte das neue Opernhaus gleich zwei weitere Male ab, 1836 und 1996, wurde aber jedesmal erneut aufgebaut. Und zwar »come era e dove era« – »wie es war und wo es war«. Im Lauf der Zeit konnte das Publikum hier bedeutende Opern-Uraufführungen u. a. von Donizetti, Rossini, Strawinsky und Verdi, aber auch Gastspiele wie das von Pina Bauschs grandiosem Tanztheater erleben.

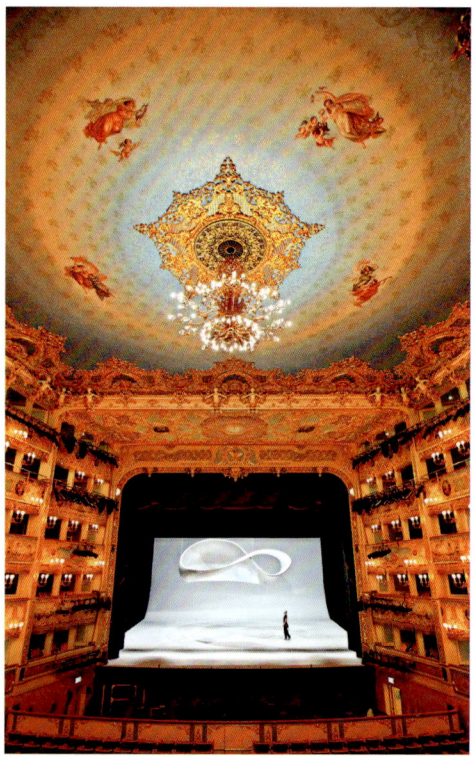

TEATRO LA FENICE

»Auge und Ohr des Zuschauers gefällig« sollte das neue Opernhaus sein – so lautete am 1. November 1789 die Formulierung in der entsprechenden Ausschreibung des internationalen Architekturwettbewerbs, den Gian Antonio Selva als einer von 29 Bewerbern mit 72 Ja- und 28 Neinstimmen für sich entschied. Er entwarf fünf um das Parkett verlaufende Reihen mit nur zur Bühne hin offenen Logen.

VENEZIANISCHE MUSIK

Seit der Mitte des 16. Jahrhunderts entwickelte sich Venedig zu einem Zentrum innovativer Tonkunst. Als »Venezianische Schule« bezeichnet man eine Gruppe von Komponisten, die den Übergang von der Renaissance- zur Barockmusik gestaltete. Als ihr Begründer gilt der Niederländer Adrian Willaert; weitere Komponisten dieser Richtung, die die mehrchörige Kompositionsweise in der Kirchenmusik stark machte und zur Verselbstständigung der Instrumentalmusik beitrug, waren Cipriano de Rore, Claudio Merulo, Andrea und Giovanni Gabrieli sowie Claudio Monteverdi. Ihren Höhepunkt erlebte die venezianische Barockmusik im Schaffen Antonio Vivaldis (1678–1741). Als Sohn eines Violinisten in Venedig geboren, wurde Vivaldi schon als Kind mit dem Geigenspiel vertraut. Er schlug die geistliche Laufbahn ein, wirkte dann aber als Lehrer für Streichinstrumente und als Komponist. Vivaldi ist einer der wenigen Komponisten, die auch als Virtuosen berühmt waren. Er schuf »Klassiker« der Tonkunst wie die »Vier Jahreszeiten« und gab der Barockmusik mit seinen dreisätzigen Werken und den Violinsoli ein besonderes Gepräge. Mit über 500 Konzerten wirkte der Venezianer in ganz Europa, wurde aber ein Opfer des Geschmacks, der gegen Ende von Vivaldis Leben den galanten Stil der Rokokozeit bevorzugte.

VENEZIANISCHE MUSIK

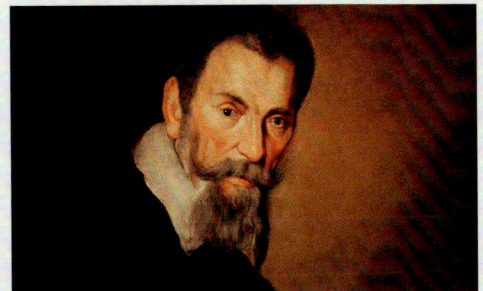

Unten links: Einladung zu Konzerten in der Kirche San Vidal unter anderem mit Antonio Vivaldis »Vier Jahreszeiten« an einer Hauswand in Venedig. Rechts daneben: Das Gemälde (1723) von François Morellon de La Cave gilt als Porträt des venezianischen Komponisten. Als Begründer der »Venezianischen Schule« gilt der Niederländer Adrian Willaert (um 1490–1562, ganz links). Links: Claudio Monteverdi (um 1567–1643).

SAN MARCO 75

CHIESA DI SAN SALVADOR

Die dreischiffige Erlöserkirche – eigentlich Chiesa di San Salvatore, in Venedig aber unter dem Namen San Salvador bekannt – wurde ab 1507 nach Plänen von Giorgio Spavento begonnen und nach dessen Tod im Jahr 1509 von Tullio Lombardo und Vincenzo Scamozzi bis 1534 im Stil der Renaissance errichtet. Ihre Fassade stammt erst aus dem 17. Jahrhundert. Das künstlerische Glanzstück der Kirche ist die »Verkündigung« an der Südwand, mit der Tizian (um 1490–1576) im Jahr 1566 die für seinen Stil charakteristische asymmetrische Bildkonzeption zur Vollkommenheit führte. Es zeigt den Moment direkt nach der Ankündigung der Geburt Jesu durch den Erzengel Gabriel, dem die Jungfrau Maria mit bereits gehobenem Schleier entgegenblickt. Ein weiteres Werk des großen Malers ist die »Verklärung Christi« von 1560, das Mittelstück des Hochaltars.

CHIESA DI SAN SALVADOR

Die kleine Chiesa di San Salvador, die mitten im Herzen von Venedig liegt, erhielt durch Giuseppe Sardi im Jahr 1663 ihre barocke Fassade (links). Zu den Kunstschätzen der Kirche gehört Tizians »Verkündigung« (unten rechts), auch einige Grabmäler, darunter das von Bernardino Contin (1530–1596) geschaffene Wandgrab für die 1510 verstorbene Königin Caterina Cornaro von Zypern, sind bedeutend.

SHOPPINGPARADIES MERCERIE

Auf dem Weg vom Torre dell'Orologio zur Rialtobrücke verlangsamen sich die Schritte vieler, zumeist weiblicher, Touristen. Die Schaufenster der Geschäfte in den Mercerie ziehen die Blicke auf sich. Schon seit frühesten Zeiten war das Netz kleiner Gassen der Sitz von Händlern; daher stammt auch der Name des Viertels, der wörtlich übersetzt »Kurzwaren« bedeutet. Was hier angeboten wurde, waren jedoch beileibe nicht nur Knöpfe und Zwirne; in den Auslagen der Händler stapelten sich vielmehr kostbare Seiden- und Samtstoffe, Damast und Brokat. Heute sind luxuriöse Boutiquen für Bekleidung und Lederwaren, wie etwa Prada, Versace, Laura Biagiotti, Valentino und Bulgari, sowie zahlreiche Souvenirläden in den Mercerie ansässig. Nirgendwo anders als hier ist jedoch die Kommerzialisierung des »Mythos Venedig« offener ersichtlich: Die Karnevalskostüme, die Gegenstände aus Muranoglas, die Spitzen aus Burano und die sogenannten Antiquitäten und Schmuckstücke haben nur noch wenig mit venezianischer Tradition zu tun. Sie sind eher auf den Massengeschmack zahlungskräftiger Touristen abgestellt. Wer sich jedoch von all dem Kitsch nicht entmutigen lässt, kann auch hier manche Kostbarkeit finden. Zumindest Leckermäuler kommen in einer der vielen Pasticcerien auf ihre Kosten.

SHOPPINGPARADIES MERCERIE

Die Gassen der Mercerie sind Venedigs Hauptgeschäftsviertel. Neben Modeboutiquen, Konditoreien und Delikatessenläden gibt es hier vor allem Souvenirshops und Antiquitätenläden, die eine Fülle an Kunsthandwerklichem feilbieten: von Karnevalsmasken und Puppen über Samtkissen, marmoriertes Papier und Jugendstillampen bis zu Spitzen aus Burano und Glasobjekten aus Murano in allen denkbaren Variationen.

SAN MARCO

CANAL GRANDE

Der Canal Grande ist eine von prächtigen Palästen gesäumte 3800 Meter lange, zwischen 30 und 70 Meter breite sowie bis zu fünf Meter tiefe Wasserstraße, die von den Venezianern – »Canal« und »Palazzo« verschmelzend – auch »Canalazzo« genannt wird. Wie ein spiegelverkehrtes »S« windet sie sich, dabei die Stadt in zwei Hälften teilend, vom Bahnhof Santa Lucia bis zum San-Marco-Becken. Gondeln, Wassertaxis und Lastboote, die Venedig mit Gütern versorgen, frequentieren diese Lebensader der Stadt; Motorschiffe (Vaporetti) regeln wie schwimmende Linienbusse den »Nahverkehr«.

CANAL GRANDE

Einen der schönsten Ausblicke auf den Canal Grande genießt man vom Ponte dell'Accademia aus. Im Hintergrund ragt die Barockkirche Santa Maria della Salute an der Einfahrt zum Kanal auf.

CANAL GRANDE

Venedig muss man vom Wasser aus erleben. Der Canal Grande birgt ein großes Versprechen, das er noch bei jedem Besucher eingelöst hat: Während einer Tour auf dem Kanal kommt man in den Genuss der schönsten Paläste der Stadt und durchfährt zudem die mittlerweile vier Brücken, die das Wasser überspannen. Gondelfähren setzen Fußgänger an mehreren Stellen über, auf die das Traghetto-Zeichen hinweist. Besonders beliebt bei Touristen ist die Linie 1 der Vaporetti, die vom Markusplatz zur Piazzale Roma führt und auf deren Route sich viele Sehenswürdigkeiten gemächlich bestaunen lassen. Im Gegensatz zu den übrigen Kanälen Venedigs ist das Wasser auf dem Canal Grande immer in Bewegung, da es sich bei dem Kanal um den nördlichen Ausläufer des Flusses Brenta handelt, der die Lagune umfließt.

CANAL GRANDE

CANAL GRANDE
VON SAN MARCO ZUM PONTE DELL'ACCADEMIA

Von der Rialtobrücke genießt man eine wunderbare Aussicht auf den Canal Grande, die Gondeln, die an den Haltestellen an- und ablegenden Vaporettos, die Restaurants am Ufer und die Parade der Paläste (beide Abbildungen). Den Canal Grande queren insgesamt vier Brücken. Panoramaseiten: die Kirche Santa Maria di Nazareth, genannt Scalzi, am Ende des Canal Grande.

Wer vom Markusplatz in den Canal Grande hineinfährt, entdeckt bald auf der linken Seite ein von einer goldenen Wetterfahne gekröntes Gebäude in Form eines Schiffskiels. Die Dogana di Mare, das nun als Museum für zeitgenössische Kunst genutzte Hauptzollamt, war einst eine der wichtigsten Behörden der Stadt. Dahinter erstrahlt die weiße Fassade der Kirche Santa Maria della Salute. Ihr gegenüber liegt der Palazzo Contarini-Fasan (15. Jahrhundert), der als »Haus der Desdemona« bezeichnet wird, die laut Shakespeare hier von Othello ermordet worden sein soll. Ebenfalls rechts folgt bald darauf der Palazzo Gritti-Pisani, heute eines der teuersten Hotels der Stadt. Gegenüber sieht man die Ca' Dario mit ihrer marmorverzierten Renaissancefassade. Von ihr wurde Claude Monet inspiriert, der im Palazzo Barbaro direkt vor der hölzernen Accademiabrücke wohnte.

VON SAN MARCO ZUM PONTE DELL'ACCADEMIA

Gleich bei der aus Holz errichteten Accademiabrücke (unten) befindet sich der leuchtend gelbe gotische Palazzo Cavalli-Franchetti mit seinem reichen Maßwerk. Am Ende des 19. Jahrhunderts wurde das Gebäude umgebaut, die Fassade ist teils noch original. Der Ponte dell'Accademia wurde 1933 für Fußgänger eröffnet.
Links: Am linken Ufer des Canal Grande steht die Kirche Santa Maria della Salute.

CANAL GRANDE 89

PALÄSTE IM WASSER

Als Johann Wolfgang von Goethe am 28. September 1786 zum ersten Mal nach Venedig kam, verglich er die Inselstadt mit einer Biberrepublik. Der Vergleich kommt nicht von ungefähr: Tatsächlich ist die architektonische Meisterleistung beim Bau der riesigen Paläste und Kirchen Venedigs weder an deren Größe noch an den Fassaden abzulesen, denn sie verbirgt sich unterhalb des Wasserspiegels – im Fundament. Damit überhaupt auf dem weichen Boden nahe der Kanäle gebaut werden konnte, war es nötig, für die Paläste einen tragfähigen Untergrund zu schaffen. Hierfür bediente man sich der einst ausgedehnten Eichen- und Lärchenhaine des Veneto und Istriens. Im Verbund (oder dicht nebeneinander) wurden die Baumstämme in den Schlamm der Lagune geschlagen und daraufhin mit horizontalen Planken bedeckt. Sie verfaulten nicht, weil in dem salzigen Lagunenwasser keine Fäulnisbakterien leben, schwankten aber wie ein Schiff. Deshalb wurden die Böden in den Gebäuden »fließend« verlegt: Auf einer Holzplatte, die auf den Bodenbalken bloß aufliegt, verklebte man dann zum Beispiel die Mosaiksteine oder den Terrazzobelag, der sich anschließend synchron mit den Schwankungen des gesamten Gebäudes bewegen konnte – eine Technik, die die Jahrhunderte überdauert hat.

PALÄSTE IM WASSER

Mit der Schauseite zum Kanal bauten reiche venezianische Familien ihre Paläste, die bei aller Pracht oft schlicht »Ca'« (so die venezianische Kurzform für »Casa«, »Haus«) genannt werden. Großes Bild: Palazzo Balbi; Bilder links: Palazzo Corner della Ca' Grande und Fondaco dei Turchi; Bildleiste von oben: Ca' Loredan und Ca' Farsetti, Palazzo Grassi, Ca' Vendramin Calergi, Palazzo Cavalli-Franchetti.

CANAL GRANDE

GONDELN, GONDOLIERI & TRAGHETTI

Bis zum Aufkommen von Motorbooten beherrschten die Gondeln die Kanäle Venedigs. Unklar ist, wann diese weltweit einzigartige Bootform entwickelt wurde; sicher ist, dass sie bereits im 11. Jahrhundert gebaut wurde. In dieser Zeit waren die Gondeln noch bunt. Erst 1562 wurde Schwarz als verbindliche Farbe festgelegt, um dem überbordenden Prunk entgegenzuwirken, mit dem die Adelsfamilien ihre Boote ausstatteten. Traditionelle Gondeln sind knapp elf Meter lang und 1,50 Meter breit. Gelenkt werden sie mit nur einem Riemen, der über eine Rudergabel geführt wird. Um dem Gewicht des Gondoliere im Heck entgegenzuwirken, sind alle Gondeln an der Bugspitze mit dem »ferro«, einem schweren Metallbeschlag, versehen. Ähnlich formalisiert wie die Gestalt der Gondeln ist auch die Kleidung der Gondolieri. So tragen sie in der Regel ein gestreiftes Shirt zu einer schwarzen Hose und auf dem Kopf einen Strohhut mit Bändern. Bekannt sind die Gondolieri Venedigs nicht nur für ihren Gesang, der die Touristen auf der Fahrt durch die Kanäle in romantische Stimmung versetzen soll. Auch die saftigen Preise für die Fahrten sind berüchtigt. Wer ein kostengünstigeres Gondelerlebnis haben möchte, benutzt die Traghetti, jene Gondeln, die traditionell als Fähren über den Canal Grande eingesetzt werden.

GONDELN, GONDOLIERI & TRAGHETTI

Aufgelockert wird die Kleiderordnung der Gondolieri (großes Bild) inzwischen auch von einer Frau – von Giorgia Bascolo, die 2009 als erste Gondoliera in diese bis dahin über 900 Jahre lang von Männern beherrschte Domäne vordrang. Der Bau echter venezianischer Gondeln ist äußerst aufwendig: Neun verschiedene Holzarten werden benötigt, 280 Einzelteile müssen zusammengefügt werden. Links: Traghetto.

CANAL GRANDE

VOM PONTE DELL'ACCADEMIA ZUM RIALTO

Schräg gegenüber der Galleria dell'Accademia liegt der Palazzo Falier, den einst der wegen Verrats geköpfte Doge Marin Falier (1274–1355) bewohnt haben soll. Die von Baldassare Longhena und Giorgio Massari auf der linken Seite erbaute barocke Ca' Rezzonico ist Sitz des Museo Settecento Veneziano. Hier sind Fresken der beiden Tiepolos und ein Ballsaal mit einem Deckenfresko im Trompe-l'œil zu bewundern. Ihr gegenüber liegt der ebenso von Massari gestaltete frühklassizistische Palazzo Grassi, der heute als Ausstellungszentrum fungiert. Auch auf der rechten Seite folgen drei der bedeutendsten Paläste der Stadt: Der Palazzo Mocenigo entstand durch den Zusammenschluss von vier Gebäuden und diente Lord Byron als Wohnsitz; der von Mauro Codussi entworfene Palazzo Corner Spinelli wurde zum Vorbild für spätere Renaissancepaläste, so auch für den Nachbarn, den Palazzo Grimani.

VOM PONTE DELL'ACCADEMIA ZUM RIALTO

Unten: Der Blick reicht von der Accademiabrücke kanalaufwärts bis zur Biegung des Canal Grande, an der der weiße Palazzo Balbi steht. Dieser wurde ab 1582 durch Alessandro Vittoria für die Balbi-Familie errichtet und dient heute der Verwaltung von Veneto als Sitz. Links: Von der Rialtobrücke aus bietet sich kanalabwärts ein ebenfalls herrlicher Blick mit dem hellen Palazzo Dolfin Manin zur linken Seite.

REGATA STORICA

Jedes Jahr am ersten Septembersonntag treffen sich die Gondolieri Venedigs zu einem besonderen Wettkampf: Die Regata Storica zählt zu den wichtigsten Veranstaltungen der Stadt jenseits des Karnevals und der Biennale. Wenn in würdevoller Prozession Boote durch den Canal Grande schippern, erinnern sie auch an ein ganz besonderes historisches Ereignis: Caterina Cornaro, einstige Dogentochter, wurde im 15. Jahrhundert mit dem König von Zypern verheiratet. Bei einem Besuch in ihrer Heimatstadt im Jahr 1489 wurde sie mit einem ebensolchen Schiffskorso fürstlich empfangen. Wie einst führt auch heute die goldene Barke den Zug der Schiffe an, in historische Kostümen gekleidete Besatzungen lassen die Zeit der Dogen wieder lebendig werden. Ob die Regata tatsächlich in der Begrüßung der einstigen zypriotischen Königin ihre Grundlage hat oder eigentlich aus einem Wettbewerb der Bootsführer im Mittelalter entstanden ist, lässt sich heute nicht mehr so genau nachvollziehen. Als sicher gilt, dass sie eine der größte und ältesten Regatten Europas ist. Möglicherweise stammt das Wort Regatta selbst von diesem Ereignis, denn die Vokabel Regatta findet sich erstmals auf einem Stadtplan Venedigs. Jenseits der historischen Prozession messen sich noch immer Gondolieri und Ruderer verschiedener Altersklassen.

PONTE DI RIALTO

REGATA STORICA

Prunkvoll zeigen sich die historischen Barken, die zur Regata Storica auslaufen. Die Ursprünge des Wettbewerbs reichen bis ins 13. Jahrhundert zurück. Der Höhepunkt jedoch ist die Nachstellung der Prozession zum Willkommensgruß der damaligen zyprotischen Königin Caterina Cornaro, die aus Venedig stammte. Dieses historische Ereignis wird heute noch in Kostümen nachgeahmt.

PONTE DI RIALTO

Bis zur Errichtung der ersten Accademiabrücke (1854) war die Rialtobrücke die einzige Möglichkeit, den Canal Grande zu Fuß zu überqueren. Das auf beiden Seiten von Läden bestandene Steinmonument ist ein Wahrzeichen Venedigs. Der weit geschwungene Bogen, dessen Widerlager auf mehr als 12 000 Eichenpfählen ruhen, überspannt den Kanal in einer Breite von 48 Metern; die mittlere Höhe von 7,50 Metern ermöglicht auch größeren Schiffen die Durchfahrt. Erforderlich wurde der Bau, nachdem 1444 eine morsche Holzbrücke aus dem 13. Jahrhundert an dieser Stelle unter Menschenmassen zusammengebrochen war, die dem Hochzeitszug des Marchese di Ferrara zugesehen hatten. Zuerst errichtete man erneut eine Holzkonstruktion – zog dann doch eine solidere Lösung vor, die 1588 bis 1591 nach Plänen von Antonio da Ponte vollzogen wurde.

PONTE DI RIALTO

PONTE DI RIALTO

Mehr als 400 Brücken gibt es in Venedig. Am berühmtesten ist die Rialtobrücke, die das Sestiere San Marco mit den Rialtomärkten in San Polo verbindet. Der aus Kalkstein errichtete Bau überspannt den Canal Grande in einem weiten Bogen. An der südlichen Seite weisen neben einem Relief mit der Muttergottes das Wappen und eine Inschrift von 1591 auf Pasquale Cicogna hin, der zur Bauzeit Doge war.

VOM RIALTO ZUR CA' PESARO

Direkt hinter der Rialtobrücke liegen rechts der Fondaco dei Tedeschi, der einst die Niederlassung der deutschen Kaufleute in Venedig war und heute als Hauptpostamt genutzt wird, sowie links der Palazzo Camerlenghi, der als Sitz des Stadtkämmerers und als Gefängnis diente. Kanalaufwärts findet man rechts die von Bartolomeo Bon entworfene, prachtvoll-gotische Ca' d'Oro (»Goldenes Haus«). Hier befinden sich die Galleria Franchetti mit einer Venus von Tizian, Arbeiten aus der Werkstatt Vittore Carpaccios und Andrea Mantegnas »Heiliger Sebastian« (um 1506). Auf der anderen Kanalseite folgt die dreigeschossige Ca' Pesaro, ein Meisterwerk des venezianischen Barock. Sie beherbergt die Galleria d'Arte Moderna mit Werken von Rodin, Chagall und Klimt sowie das Museo Orientale, eine der bedeutendsten Sammlungen chinesischer und japanischer Kunst in Europa.

VOM RIALTO ZUR CA' PESARO

Unten: Blick von der Rialtobrücke in die Biegung des Canal Grande (im Bild links erhebt sich der im 15./16. Jahrhundert errichtete Palazzo dei Camerlenghi, in dem heute der italienische Rechnungshof einen Sitz hat). Einer der schönsten Paläste Venedigs ist die Ca' d'Oro (links, Bildmitte) mit ihrem feinen, einst vergoldeten Maßwerk. Im Inneren kann man Tizians »Venus vor dem Spiegel« (um 1555) besichtigen.

VON DER CA' PESARO ZUR PIAZZALE ROMA

Der von Mauro Codussi im Stil der Frührenaissance entworfene Palazzo Vendramin-Calergi dient heute als Sitz des Spielkasinos. In die Musikgeschichte ging er ein, weil Richard Wagner hier 1883 nach einem Herzanfall starb. Gegenüber liegt der Fondaco dei Turchi, ein byzantinisch anmutendes Gebäude, das als türkisches Warenhaus genutzt wurde. Heute beherbergt es das Naturhistorische Museum. Kanalaufwärts folgt der Palazzo Labia, dessen opulenten Ballsaal Giorgio Massari gestaltete und Tiepolo freskierte. Er wird seit 1964 von der Radiotelevisione Italiana (RAI) für Galaveranstaltungen genutzt. An der Endstation der beliebten Vaporetto-Linie 1 liegt die Piazzale Roma mit dem Busbahnhof der Stadt. Hier baute der Spanier Santiago Calatrava die höchste und längste Brücke über den Canal Grande: 2008 wurde die grazile, stählerne »Brücke der Verfassung« eingeweiht.

VON DER CA' PESARO ZUR PIAZZALE ROMA

Der 94 Meter lange, aus Stahl und Glas gebaute »Ponte della Costituzione«, der vierte Übergang über den Canal Grande, verbindet den Bahnhof mit der Piazzale Roma. Entworfen wurde er vom spanischen Architekten Santiago Calatrava und ist bis heute – auch aufgrund einiger Baumängel – ein umstrittenes Projekt. Links: Der Ponte degli Scalzi in der Nähe des Bahnhofs war die dritte Brücke über den Kanal (1934).

VERKEHR IN VENEDIG

Wer an Venedig denkt, der denkt sofort an die schwarzen Gondeln, auf denen sich Menschen über Kanäle rudern lassen. Und tatsächlich waren die Gondeln bis zur Entwicklung von Motorbooten das Hauptverkehrsmittel der Stadt. Seitdem ist alles etwas schneller geworden, grundsätzlich geändert hat sich indes nichts: Die Bewohner Venedigs bewegen sich innerhalb der Stadt auf eigenen Booten oder benutzen den »öffentlichen Personennahverkehr«, die »Vaporetti« genannten Wasserbusse. Es gibt Wassertaxis, Kranken- und Totentransporte, Güter- und Postverkehr, Polizei- und Feuerwehreinsätze, Müllentsorgung – all dies wird zu größten Teilen über die Kanäle organisiert, von deren Kais aus die Wege zu Fuß fortgesetzt werden. Hochzeitsgesellschaften und Trauergemeinden ziehen in Bootskarawanen ebenso über den Canal Grande wie religiöse Prozessionen. Alles muss aufs Wasser. Auch die über 50 000 Pendler und unzähligen Touristen, die jeden Tag in die Stadt kommen. Schnell sind die Vaporetti überfüllt, und an neuralgischen Punkten wie der Rialtobrücke herrscht Chaos. Zu all den logistischen Problemen kommt der Wellenschlag hinzu, den die Motorboote verursachen und der die Fundamente der Paläste schädigt, wozu auch die riesigen Kreuzfahrtschiffe beitragen, die durch den Giudecca-Kanal fahren.

VERKEHR IN VENEDIG

Hunderte Boote durchpflügen jeden Tag den Canal Grande. Über 500 Frachtboote versorgen die Stadt täglich mit rund 850 Tonnen an Gütern, von Lebensmitteln bis zum Baumaterial. Nicht unumstritten in Venedig sind die teils 300 Meter langen Kreuzfahrtschiffe, die in der Lagunenstadt anlegen. Auch die Müllabfuhr kommt mit dem Boot, jeden Morgen holen Lastkähne den Abfall an Sammelplätzen ab.

CANAL GRANDE

SANTA CROCE UND SAN POLO

Die westlichen Stadtteile Santa Croce und San Polo gehören zu den am frühesten besiedelten Vierteln Venedigs. »Rivoalto« – hohes Ufer – nannte man jene erhöhte Stelle in der Stadt, die vor Hochwasser geschützt war und an der sich die Rialtomärkte befinden. Der Handel mit Lebensmitteln, vor allem mit Fisch, prägt bis heute das Leben in diesen quirligen, traditionsreichen Stadtvierteln. Viele kleine Läden und Handwerksbetriebe, bezaubernde Cafés und Osterias bestimmen das Bild der Gassen. Kunsthistorische Highlights sind die gotische Frari-Kirche und die Scuola Grande di San Rocco.

Santa Maria Gloriosa dei Frari, die Kirche des einstigen Franziskanerklosters, ist ein Bauwerk der Spätgotik und liegt ein wenig versteckt am Campo dei Frari im Sestiere San Polo.

MERCATO DI RIALTO

Wenn es einen Markt in der Stadt gibt, den man keinesfalls versäumen sollte, dann ist es der Mercato di Rialto. Leider ist er deswegen auch zum beliebten Touristenziel aufgestiegen, doch der Qualität der angebotenen Waren tut dieses keinen Abbruch. Sonnengereifte Tomaten, knackige Gurken oder Salat der nahen Agrarinsel San Erasmo erfreuen Gemüsefreunde. Bekannter allerdings ist der Fischmarkt mit den sorgfältig aufgereihten Fängen des Tages wie Tintenfischen oder Krebsen. Der Markt geht zurück auf das 9. Jahrhundert. Im Mittelalter wurden hier nicht nur Lebensmittel umgeschlagen, sondern auch Handelsgüter wie Gold oder Gewürze – immer unter starker Kontrolle der Steuerbeamten. Im 16. Jahrhundert brannten die Holzbuden nieder und der Markt wurde neu konzeptioniert. Seine heutige Form stammt aus dem 19. Jahrhundert und ist angelehnt an die Markthallen von Paris.

MERCATO DI RIALTO

Ein Fest für die Sinne ist der Spaziergang durch die Markthallen im Rialtoviertel. Allein die Farbenpracht des Gemüses ist den Ausflug wert: Knallrote Chilischoten, Radieschen, Auberginen, Salate sehen aus wie Kunstwerke und regen den Appetit an. Auch Fischliebhaber kommen hier voll auf ihre Kosten; Scampi, Taschenkrebse, Tintenfische liegen ebenso wie Thunfischsteaks frisch auf Eis.

SANTA CROCE UND SAN POLO

SAN GIACOMO DI RIALTO

Der Weg von der Rialtobrücke zu den Rialtomärkten führt an Venedigs ältester Kirche, San Giacomo di Rialto, vorbei. Ihre Geschichte reicht zurück bis in das 5. Jahrhundert. Markantestes Merkmal des Anfang des 17. Jahrhunderts neu gestalteten Gotteshauses ist die große gotische Kirchenuhr aus dem 15. Jahrhundert, die den Händlern des Viertels schon immer gute Dienste erwies. Links neben San Giacomo steht die Statue des Gobbo (1541), des Buckligen. Die geduckte Figur, die von Pietro da Salò geschaffen wurde, stützt eine Treppenstufe, von der aus einst Gesetze und Gerichtsurteile verkündet wurden. Sie war auch das Ziel der zum Spießrutenlaufen verurteilten Kleinkriminellen, die unbekleidet in San Marco starten mussten und – an ausgelegten Handschuhen der Bewohner vorbei – zum Gobbo eilten, ihn küssten und um Vergebung ihrer Missetat baten.

SAN GIACOMO DI RIALTO

Westlich der Erberia, des alten Gemüsemarkts im Mercato di Rialto, in dem heute bezaubernde Cafés zum Verweilen einladen, steht die kleine Kirche San Giacomo di Rialto, unter deren Vorhalle die Kaufleute früher Geschäfte abwickelten und in deren Innerem eine alte Inschrift sie zur Ehrlichkeit mahnt. Der Legende nach begann die Besiedlung Venedigs mit der Grundsteinlegung ebendieser Kirche im Jahr 421.

CAMPO SAN POLO

Der Campo San Polo hat eine besondere Bedeutung für die Geschichte von Florenz: Hier wurde 1548 Lorenzino de' Medici erstochen, der zuvor im Kampf um die Macht in der Stadtrepublik seinen Vetter Alessandro ermordet hatte. Am zweitgrößten Platz Venedigs liegt die gotische Chiesa San Polo, deren Ursprünge bis ins 9. Jahrhundert zurückreichen. Im Oratorio del Crocifisso der Kirche findet man Kreuzwegszenen (1747–1749) von Giandomenico Tiepolo. Dessen Vater Giambattista schuf ein Gemälde für das nördliche Seitenschiff. An der Ostseite des Platzes steht der breite Palazzo Soranzo, der aus der Verbindung zweier älterer Bauten hervorging. Rechts davon findet man den von Domenico Rossi entworfenen Palazzo Maffetti Tiepolo. An der Nordwestecke des Platzes liegt der Landeingang des Palazzo Corner Mocenigo, dessen Prachtfassade dem Rio di San Polo zugewandt ist.

CAMPO SAN POLO

Der weitläufige Platz ist nach der gotischen Kirche San Polo benannt (ganz links), die eine Reihe von eindrucksvollen Gemälden enthält, darunter ein »Abendmahl« von Tintoretto (links). Der Campo diente früher öffentlichen Veranstaltungen: von religiösen Prozessionen bis hin zu Bär- und Stierhatzen. Der rosafarbene Palazzo Corner Mocenigo (im großen Bild links) wurde im 16. Jahrhundert errichtet.

CARLO GOLDONI UND DIE CA' GOLDONI

Einer der bedeutendsten Schriftsteller Venedigs ist Carlo Goldoni (1707–1793). Er wies dem Genre der Komödie, das in Italien von der Tradition der Commedia dell'Arte bestimmt war, einen neuen Weg. In seinen etwa 200 Theaterstücken, für die er sich des venezianischen Dialekts bediente, verpflichtete er die Schauspieler viel stärker als zuvor üblich auf ihren Text. Auf diesem Weg gelang es ihm, nach dem Vorbild Molières sozialkritische Charakterkomödien zu schaffen, die frei von Stegreifszenen waren. Besonders sein »Diener zweier Herren« (1745) und seine »Mirandolina« (1752) stehen heute noch auf den Spielplänen. Goldoni, der eigentlich promovierter Jurist war und jahrelang aus Geldnot als Advokat arbeitete, betätigte sich auch als Librettist. Etwa 80 meist dreiaktige Stücke schuf er für die von ihm als »dramma giocoso« bezeichnete Form der Opera buffa. Sein Geburtshaus unweit des südlichen Ufers zum Canal Grande beherbergt heute ein kommunales theatergeschichtliches Studienzentrum mit Bibliothek sowie einen Erinnerungsraum für den Dichter. Der spätgotische Palast, dessen sehenswerter Innenhof aus dem 15. Jahrhundert ein steinernes Treppenhaus und einen mit Löwenköpfen verzierten Brunnen besitzt, diente als Wohnstätte der Familien Rizzo und Centanni, bevor ihn Goldonis Großvater erwarb.

CARLO GOLDONI UND DIE CA' GOLDONI

Der Palazzo aus dem 15. Jahrhundert, in dem 1707 Carlo Goldoni zur Welt kam (unten links), zeigt die charakteristischen Merkmale der venezianischen Gotik mit schmalen und hohen Fenstern mit spitzbogigem Abschluss. Erhalten geblieben ist der malerische Innenhof mit der Außentreppe und dem Brunnen (unten Mitte). Die Goldoni-Statue von 1881 (unten rechts) steht auf dem Campo Bartolomeo nahe der Rialtobrücke.

SANTA MARIA GLORIOSA DEI FRARI

Die kurz »Frari« genannte gotische Kirche wurde vom Bettelorden der Franziskaner ab 1340 als dreischiffige Pfeilerbasilika mit hohem Querhaus, sechs kleinen und einer großen Chorkapelle sowie einem Klostertrakt an der Stelle eines Vorgängerbaus errichtet. Im hallenartigen Inneren mit seinem gotischem Kreuzrippengewölbe ziehen die marmornen, fast sieben Meter hohen Chorschranken die Blicke auf sich, die Bartolomeo Bon und Pietro Lombardo mit Heiligenskulpturen krönten und hinter denen sich ein prächtiges Chorgestühl verbirgt. Von den zahlreichen herausragenden Kunstwerken verdienen zwei Altarbilder Tizians und eine Johannesstatue Donatellos besondere Erwähnung. Zudem wurden in der Frari-Kirche auch bedeutende Persönlichkeiten bestattet: Eindrucksvolle Grabmäler erinnern an Antonio Canova und Tizian sowie an die Dogen Nicolo Tron und Francesco Foscari.

SANTA MARIA GLORIOSA DEI FRARI

Die Franziskanerkirche zählt zu den bedeutendsten Sakralbauten Venedigs. Vom Mittelschiff blickt man durch den Bogen des Lettners zum Hochaltar, den Tizians »Mariä Himmelfahrt« schmückt (rechte Bildleiste oben). Ein Meisterwerk der Frührenaissance befindet sich mit Giovanni Bellinis »Madonna mit Kind« in der Sakristei (rechte Bildleiste unten). Linke Bildleiste: die Grabmäler von Canova und Tizian.

TIZIAN – SINNLICHKEIT DER MALEREI

Der Name Tizian gilt als Inbegriff der italienischen Malerei der Hochrenaissance. Tiziano Vecellio (um 1488–1576) wurde in Venedig – angeblich – von Giorgione ausgebildet und verbrachte hier einen Großteil seines Lebens. Der für ihn typische gefühlvolle Farbeinsatz, das Einbeziehen der Raum- und Lichtverhältnisse und die Lebendigkeit der Darstellung, die schon Anklänge an den Barock erkennen lassen, kennzeichnen bereits seine beiden frühen Meisterwerke für die Kirche Santa Maria Gloriosa dei Frari: das riesige Hochaltarbild »Mariä Himmelfahrt« (1516–1518) und die »Pesaro-Madonna« (1519–1526). Tizian porträtierte 1533 erstmals Kaiser Karl V., dessen Hofmaler er wurde und der ihn adelte; zwölf Jahre später schuf er in Rom das Bildnis Papst Pauls III. und begann die berühmte »Neapolitanische Danae«. 1550 malte er König Philipp II. von Spanien, für den er auch den Zyklus der »Poesie« schuf. Seine letzten Lebensjahre verbrachte Tizian wieder in Venedig, wo er ein Opfer der Pestepidemie wurde. In dieser Zeit entstand das in Dämmerlicht getauchte »Martyrium des heiligen Laurentius« (um 1555) für die Jesuitenkirche. Das Spätwerk des Malers ist von einer zurückgenommenen Farbigkeit und seelischen Verdichtung geprägt, wie etwa auch in der für das eigene Grab geschaffenen Pietà (Accademia).

TIZIAN – SINNLICHKEIT DER MALEREI

Mit seiner Maltechnik und seiner nuancenreichen Farbgebung schuf Tizian (unten links Selbstbildnis um 1562) eine neue Ausdruckskraft für die Malerei und prägte nicht nur die Künstler seiner Zeit, sondern wirkte richtungsweisend auf die abendländische Malerei. Unten Mitte: »Pesaro-Madonna«; unten rechts: »Doge Antonio Grimani vor dem Glauben kniend«. Links: »Abraham und Isaak«, «David und Goliath«.

SANTA CROCE UND SAN POLO

SCUOLA GRANDE DI SAN GIOVANNI EVANGELISTA

Die »Schulen« genannten Einrichtungen Venedigs wurden von Laienbruderschaften gegründet und dienten ebenso religiösen und karitativen Zwecken wie dem Prestige der zugehörigen Bürger. Für die Schule der auf das 13. Jahrhundert zurückgehenden Bruderschaft vom Evangelisten Johannes, deren wertvollster Besitz eine Reliquie vom Kreuz Christi war, entwarf Pietro Lombardo 1480 ein streng geometrisches Portal, das wie die prächtige Doppeltreppe von Mauro Codussi (1498) den Idealen der Renaissance verpflichtet ist. Obwohl der bedeutendste Kunstschatz der Scuola – der von verschiedenen venezianischen Künstlern des 16. Jahrhunderts gefertigte Bilderzyklus »Geschichte vom Kreuz« – in die Accademia verbracht wurde, fasziniert das Innere weiterhin durch Kunstwerke von Tintoretto, Palma Il Giovane und Tiepolo sowie durch ein gotisches Kreuz aus Kristall und Silber.

SCUOLA GRANDE DI SAN GIOVANNI EVANGELISTA

Ein Meisterwerk der Renaissance ist der mit korinthischen Halbsäulen, Dreiecksgiebeln und einem feingliedrigen Dekor in den Friesen versehene Vorhof mit dem Portal, den Pietro Lombardo – manche vermuten auch Mauro Codussi – wie ein festliches Bühnenbild aus Marmor gestaltete (unten). In den Lünetten der Portale finden sich kunstvolle gestaltete Bronze- und Marmorreliefs (Bilder links).

SANTA CROCE UND SAN POLO

SCUOLA GRANDE DI SAN ROCCO

Die wohl prächtigste der großen Schulen Venedigs ist Rochus, dem Schutzpatron aller Pest- und Epidemieopfer, gewidmet. Der Bau der Scuola Grande di San Rocco wurde 1517 von Bartolomeo Bon begonnen und 1549 im Stil der Spätrenaissance von Scarpagnino vollendet. Von diesem Meister stammt auch das monumentale Treppenhaus. Tintoretto erhielt 1564 den Auftrag zur Dekoration des Gebäudeinneren. Er schuf in 23 Jahren 56 monumentale Wand- und Deckengemälde. Neben Szenen aus dem Alten und Neuen Testament im Obergeschoss zählen vor allem der Zyklus zum Leben Mariens im Erdgeschoss sowie eine »Kreuzigung« in der Sala dell'Albergo zu seinen Meisterwerken. Darin brachte der Maler die für ihn so charakteristische Vermittlung religiöser Empfindsamkeit mittels einer lebendig wirkenden Figurengestaltung in lichtdurchfluteter Landschaft zur Perfektion.

SCUOLA GRANDE DI SAN ROCCO

Die reich gegliederte Renaissancefassade der Scuola (im großen Bild links) lässt die einstige Bedeutung der Bruderschaft erahnen. Um die neu erworbenen Reliquien des Pestheiligen Rochus aufzunehmen, hatte man Ende des 15. Jahrhunderts die Kirche San Rocco (im Bild rechts) erbaut, deren Fassade im 18. Jahrhundert derjenigen der Scuola angeglichen wurde. Kleine Bilder: aus dem Bilderzyklus Tintorettos.

SANTA CROCE UND SAN POLO 127

PALAZZO MOCENIGO

Die Eleganz, für die die Venezianer in aller Welt bekannt waren, lässt sich sehr gut in diesem herrschaftlichen Palast nachempfinden. Der Palazzo Mocenigo stammt aus dem 17. Jahrhundert und ist eigentlich ein Zusammenschluss mehrerer Häuser, denn die Familie Mocenigo stellte zwischen dem 15. und 18. Jahrhundert in Venedig sieben Dogen und war sehr mächtig. An diesen Reichtum erinnert heute noch das Interieur des Palastes, das längst Museum geworden ist. Zu sehen sind dort herausragende Möbel, edle Kleidungsstücke, deren Brokatsäume und Stickereien ebenso von der damaligen Handwerkskunst zeugen wie die Leuchter aus Muranoglas oder die Fresken. Vor allem das Thema Mode lässt sich hier im Detail recherchieren; in der Bibliothek des Palastes sind nicht nur viele Modezeitschriften zu finden, sondern auch Entwürfe für Kostüme und Kleider.

PALAZZO MOCENIGO

Allein die edlen Tapeten des Palastes sind Zeugen von einstigem Reichtum und früherer Pracht. Doch es gibt auch noch mehr als Möbelstücke im Palazzo Mocenigo zu entdecken, denn dort ist die Innenausstattung einer alten Apotheke ausgestellt und lässt erahnen, wie Tinkturen und Salben hergestellt wurden. Modefreunde besuchen die Ausstellung alter Kostüme.

SANTA CROCE UND SAN POLO

FONDACO DEI TURCHI

Werden Gebäude saniert und die Fassade mit neuer Gestalt versehen, ist bisweilen zweifelhaft, ob das neue »Gesicht« besser oder schlechter wirkt. Beim Fondaco dei Turchi streiten sich die Geschmäcker bis heute, ob er in der ursprünglichen Form schöner war oder in seiner jetzigen Gestalt. Der Palast stammt aus dem 13. Jahrhundert und wurde einst als Adelspalast und später sogar als Haus für hohe Besucher der Stadt genutzt. Nach langen Erbstreitigkeiten wurde das Anwesen an osmanische Händler verpachtet, woran bis heute der Name »Warenlager der Türken« erinnert. Im 19. Jahrhundert ging der inzwischen vom Verfall bedrohte Palast in den Besitz der Stadt über, die ihn im historisierenden Stil sanieren ließ, dabei Türme und Zinnen hinzufügte, die so manchem Kunsthistoriker heute ein Dorn im Auge sind. In dem Gebäude befindet sich das naturgeschichtliche Museum der Stadt.

FONDACO DEI TURCHI

Er wirkt schon sehr verschnörkelt von außen – der Fondaco dei Turchi hatte einst ein viel puristischeres Gesicht als heute. Zinnen und Türme gab es im 13. Jahrhundert ebensowenig wie die runden Ornamente über den Torbögen. Kritiker empfinden den im Stil des Historismus umgebauten Palast heute als etwas überladen. Die meisten Besucher des Naturkundemuseums allerdings stört dies weniger.

SAN NICOLO DA TOLENTINO

Die Klosterkirche am Piazzale Roma gilt als eines der Musterbeispiele für Renaissancebauten. Ihr Architekt Vincenzo Scamozzi orientierte sich beim Bau des Gotteshauses an den neuen Erkenntnissen von Andrea Palladio, dem wohl bekanntesten Architekten der damaligen Zeit. Die Kirche, die früher zum gleichnamigen Kloster gehörte, erinnert dabei bewusst an einen griechischen Tempel mit korinthischen Säulen und einem Dreiecksgiebel. Sie wurde im ausgehenden 16. Jahrhundert errichtet und war ursprünglich mit einer Kuppel versehen, die jedoch einstürzte. Damals wusste man sich zu helfen und ließ einfach eine Illusionsmalerei an die flache Decke malen, die wie eine Kuppel wirkt. Während andere vom Architekten Palladio inspirierte Bauten im Inneren eher spartanisch ausgestattet sind, wartet San Nicola da Tolentino mit vielen Fresken und Gemälden auf.

SAN NICOLO DA TOLENTINO

Unten: Der 47 Meter hohe Campanile mit seiner Zwiebelturmoptik ist typisch für San Nicola da Tolentino. Die Fassade des Gotteshauses sollte, ganz im Stil der damaligen Zeit, an einen Tempel erinnern, deswegen auch die Säulen und die Vorhalle mit ihrem Dreiecksgiebel (links). Hier wirkte einst der Gründer des Theatinerordens, Gaetano di Tiene, in seinem Kloster und engagierte sich in der Pflege von Armen und Kranken.

SAN GIACOMO DALL'ORIO

Dass dies eines der ältesten Gotteshäuser der Stadt ist, daran erinnert bei San Giacomo dall'Orio heute kaum noch etwas. Doch seine Wurzeln datieren bis auf das 9. Jahrhundert zurück. Im 12. Jahrhundert allerdings wurde es umfassend modernisiert, die romanischen Bauteile wurden durch damals zeitgenössische ersetzt. Lediglich am Querschiff sind heute noch die romanischen Elemente sichtbar. Der Glockenturm wurde 1225 neu neben den Eingang der Kirche gebaut. Am Hochaltar und in der Sakristei finden sich einige bedeutende Kunstwerke, darunter Gemälde von Francesco Bassano oder Lorenzo Lotto, und manche der Säulen im Inneren des Gebäudes sollen aus Konstantinopel stammen. Der Platz um die Kirche ist nicht nur abends voller Leben: Hier treffen sich Straßenmusiker und -künstler, und manchmal wird die Pizza der umliegenden Restaurants bis fast an die Kirchenmauer serviert.

SAN GIACOMO DALL'ORIO

Im Inneren ist San Giacomo dall'Orio eher üppig ausgestattet und lässt kaum die lange Vergangenheit erkennen. Von außen ist deutlich der Mix aus verschiedenen Baustilen erkennbar (großes Bild), immer wieder wurde um- und angebaut; so befindet sich auch der Turm außerhalb des Gebäudes (links). Im Inneren sind die Gemälde aus der Renaissance sehenswert, aber auch das kunstvolle Deckenfresko.

OMBRE E CICCHETTI

Bis in die letzten Winkel der Stadt hat sich bis heute ein Ritual erhalten: Die Venezianer treffen sich, trinken einen »ombra«, ein Gläschen Wein. Tatsächlich hat der Ombra kaum mehr als die Verniedlichungsform verdient, die 100 Milliliter in den Gläsern sind wahrlich kein großer Alkoholkonsum. »Qualität statt Quantität«, könnte es auch heißen, denn als Ombra kommen traditionell nur gute Tropfen ins Glas. Es ist kein Zufall, dass der Wein hier Ombra genannt wird, denn man hat sich eben auf ein schnelles Gläschen in der Mittagspause im Schatten (auf Italienisch Ombra) getroffen, oftmals als kleine Pause während der Marktgeschäfte. An fast jeder Ecke, in noch so winzigen Locations, finden sich heute diese Bacari, die traditionellen Weinbars. Ganz Hartgesottene fangen schon vor der Arbeit morgens mit einem Gläschen an, doch die Mehrzahl trifft sich mittags oder abends zum geselligen Beisammensein. Dabei dürfen die »cicchetti« nicht fehlen, eine Analogie zu den spanischen Tapas und doch typisch italienisch: kleine Häppchen, traditionell Brote oder Polenta, belegt mit saisonalen Spezialitäten, also Meeresfrüchten, Schinken, Spargel, Gemüseaufstrichen oder gutem Käse. Fleischbällchen, Sardinen in raffinierten Saucen, Eier, mit Sardellen belegt, oder frittierte Zucchiniblüten – jeder Bacaro hat seine eigene Auswahl.

OMBRE E CICCHETTI

Weißbrothäppchen mit Käse und Brombeeren und einem Hauch Balsamico sind ein raffinierter Begleiter zum Ombra, dem Gläschen Wein, das sich die Venezianer so gern in ihren Pausen gönnen. Das Ritual beginnt für manche schon am Vormittag, ist aber eigentlich zur Mittags- und Abendzeit üblich. Der Name stammt daher, weil man im Schatten (Ombra) zu einem Plausch zusammenkommt.

DORSODURO

Eines der sechs historischen Viertel ist Dorsoduro, was übersetzt so viel wie »fester Rücken« heißen könnte. Der Name stammt wohl von dem felsigen Untergrund, auf dem sich der Stadtteil befindet. Touristen mögen diesen südlichen Teil der Altstadt sehr gern, befinden sich doch hier viele Prachtbauten – sowohl berühmte Gotteshäuser als auch Adelspaläste. Dazu zählt unter anderem auch die Kirche Santa Maria della Salute, die die Venezianer im Jahr 1630 aus Dankbarkeit für das Überleben einer Pestepidemie prominent am Canal Grande errichteten.

Zur »blauen Stunde« ist Dorsoduro am schönsten, wenn die Gebäude im goldenen Licht eine festliche Atmosphäre ausstrahlen. Das Viertel im südlichen Teil der Altstadt ist bekannt für seine Bauwerke und die lebendigen Plätze.

CAMPO SANTA MARGHERITA

Der lang gezogene Platz erhielt seinen Namen nach der Chiesa Santa Margherita an seiner Nordseite, in der ein Deckenfresko von Costantino Cedini zu finden ist. Die Kirche wurde unter napoleonischer Herrschaft profanisiert und dient als Aula der Universität. Von den Gebäuden, die den als bunten Marktplatz beliebten Campo säumen, sind zwei Scuole hervorzuheben: Frei stehend in der Platzmitte befindet sich die 1725 errichtete Scuola dei Varotari der Bruderschaft der Gerber. Dahinter, in der Südecke des Platzes, stehen die Karmeliterkirche Santa Maria und die zugehörige Scuola Grande dei Carmini aus dem 17. Jahrhundert. Die reich verzierte Kirche schmücken Cima da Coneglianos »Anbetung der Hirten« (um 1509) und Lorenzo Lottos »Heiliger Nikolaus« (um 1529). In der Scuola ist der Prunksaal sehenswert, dessen Decke Giovanni Battista Tiepolo im Jahr 1740 freskierte.

CAMPO SANTA MARGHERITA

Ein Mikrokosmos venezianischen Lebens: Marktstände mit frischem Fisch, Obst und Gemüse, kleine Läden, Cafés und Restaurants prägen den Campo Santa Margherita, den größten Platz Dorsoduros, der sich zu einem beliebten Treffpunkt vor allem von Studenten entwickelt hat. Infolgedessen ist das wegen der roten Verkleidung »Caffè Rosso« genannte Café stets gut besucht (ganz links).

CA' REZZONICO

Wer sich für Kunst des 18. Jahrhunderts interessiert, wird an diesem Gebäude nicht vorbeikommen: Ganz im Stil des Rokoko gehalten ist der Palast derer von Rezzonico, eines Adelsgeschlechts, das nicht nur Kardinäle, sondern auch Papst Clemens XIII. hervorbrachte. Kein Wunder also, dass dieser Palast das kulturelle Zentrum des ausgehenden 18. Jahrhunderts war. Als Venedig jedoch aufgrund der neuen Handelsströme mit Amerika und Indien mehr und mehr an Bedeutung einbüßte, ging auch der Reichtum der Familie Rezzonico nieder und die wertvolle Innenausstattung wurde verkauft. Dass das Haus heute dennoch über derart viele Möbel und Kunstschätze aus der großen Zeit verfügt, liegt daran, dass es 1935 zu einem Museum wurde und Kostbarkeiten des 18. Jahrhunderts aus der ganzen Stadt in den inzwischen wiederhergerichteten Räumen versammelt wurden.

CA' REZZONICO

An die glorreichen Zeiten, als die Familie Rezzonico einen Papst stellte, erinnert heute der gleichnamige Palast: Seidentapeten an der Wand, Canaletto- oder Tiepolo-Gemälde als edle Blickfänger und Leuchter aus Muranoglas an der Decke. Der Reichtum Venedigs ist in diesem Herrschaftsgebäude am Canal Grande heute noch zu spüren. Das Museum entführt in die Zeit der Renaissance.

CAMPO SAN TROVASO UND ZATTERE

Benannt wurde der Campo nach der im 10. Jahrhundert gegründeten, im 16. Jahrhundert völlig erneuerten Kirche San Trovaso, die eigentlich den Heiligen Gervasius und Protasius geweiht ist – aus deren italienischen Namen »Gervasio« und »Protasio« machten die Venezianer kurz »Trovaso«. Am Rio Trovaso hat die Kirche noch eine zweite Fassade – angeblich, damit die rivalisierenden Castellani (aus den östlichen Sestieri) und der Nicoletti (aus den westlichen Sestieri) nicht denselben Eingang benützen mussten. Vom Ufer gegenüber der Kirche sieht man auf den Squero di San Trovaso – eine der wenigen Werkstätten, in denen Gondeln noch traditionell hergestellt werden. Am nahen Ufer des Canale della Giudecca warten Cafés auf Gäste. Seinen Namen hat der zum Flanieren einladende Kai von den Flößen (»zattere«), mit denen einst die für Venedig bestimmten Baumstämme hier anlandeten.

CAMPO SAN TROVASO UND ZATTERE

Unweit des Campo San Trovaso locken Cafés, Restaurants und die typischen Stehbars, die Wein und kleine Köstlichkeiten anbieten. Der Squero di San Trovaso ist eine der ältesten Gondelwerften Venedigs (ganz unten). An der Uferpromenade der Zattere (Bilder links) steht auch die Ordenskirche der Gesuati mit Tiepolos Altarbild der Madonna mit Heiligen (rechts im Bild unten).

GALLERIA DELL'ACCADEMIA

Im Jahr 1750 initiierte Giovanni Battista Piazzetta die Gründung der Accademia, deren Bestand zum Großteil aus den unter napoleonischer Herrschaft säkularisierten Klöstern und Kirchen Venedigs stammt. In der Besatzungszeit konnte sich die Akademie in den Räumen der ehemaligen Kirche Santa Maria della Carità, deren Scuola und einem aufgelösten Konvent der Laterankanoniker ausbreiten. Hier sind noch heute Werke sämtlicher venezianischer Meister vom frühen Mittelalter bis zum Rokoko zu finden. Besondere Anziehungspunkte sind Giorgiones märchenhaftes Gemälde »Das Gewitter« (um 1507), Paolo Venezianos Polyptychon mit Marienkrönung (um 1350) im Stil der »maniera bizantina«, Paolo Veroneses »Gastmahl im Hause des Levi« (1573), das religiöse Kontroversen auslöste, sowie Vittore Carpaccios achtteiliger Zyklus zum Leben der heiligen Ursula (1490–1500).

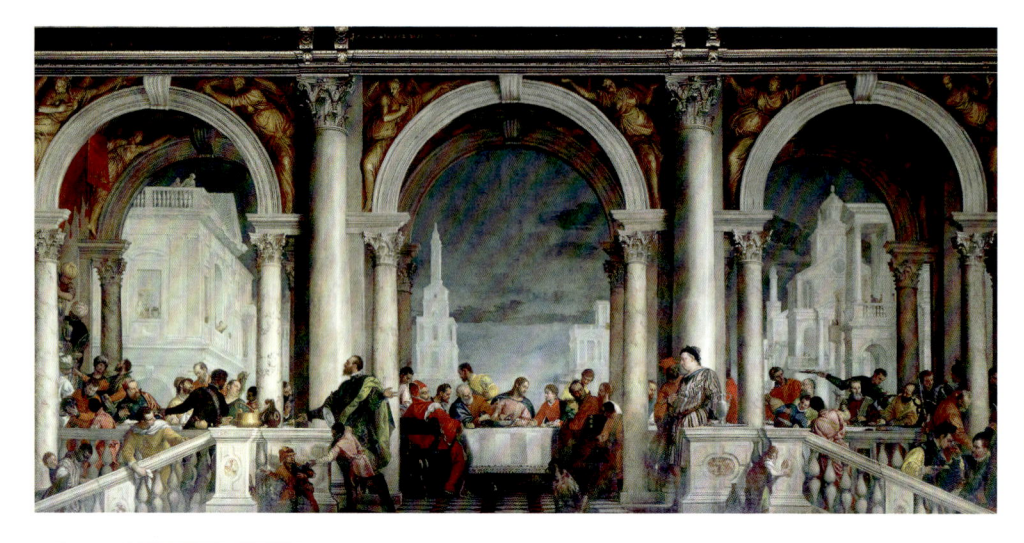

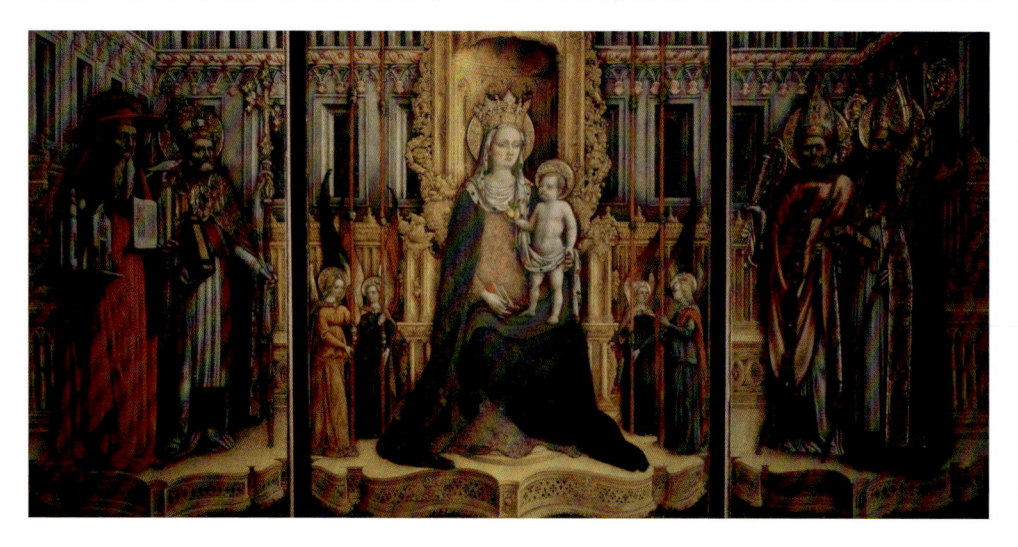

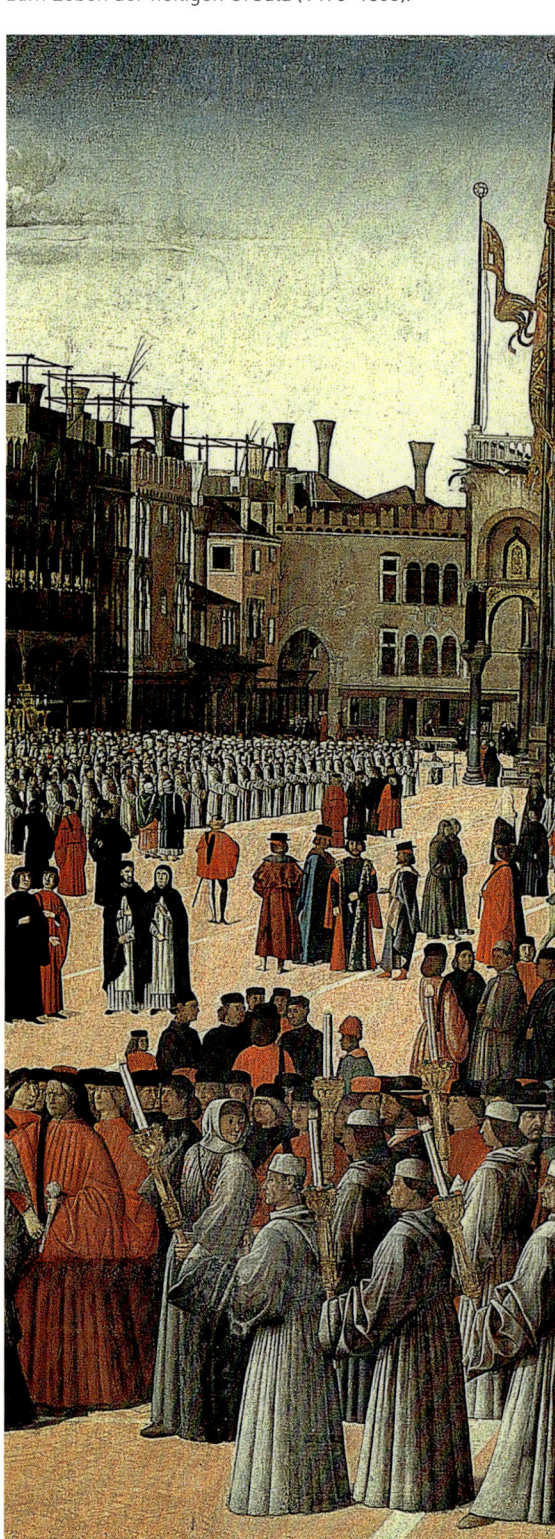

GALLERIA DELL'ACCADEMIA

Großes Bild: Gentile Bellinis »Prozession auf der Piazza San Marco« (1496). Bildleiste von oben: Gegen Paolo Veroneses riesiges »Gastmahl im Hause des Levi« schritt die Inquisition wegen »profaner Motive« ein; Bonifazio de' Pitati (auch Bonifazio Veronese genannt) schuf »Lazarus und der Reiche«; von Antonio Vivarini und Giovanni d'Alemagna stammt die »Madonna mit Kirchenvätern« (1446).

FARBE UND LICHT – VENEZIANISCHE MALEREI

Die Malerei Venedigs ist berühmt für ihre leuchtende Farbgebung und ihr schimmerndes Licht. Länger als anderswo hielt man hier am byzantinischen Formenkanon fest. Erst Paolo Veneziano schuf in der ersten Hälfte des 14. Jahrhunderts eine Synthese byzantinischer und gotischer Stilelemente. Darstellung des Raumes und Körperlichkeit der Figuren kamen über Andrea Mantegna in den Bildern der Familie Bellini in der Frührenaissance zum Tragen. Auswirkungen vor allem auf die Farbigkeit hatte dann auch die neue Technik der Ölmalerei. Die Erzählfreude Vittore Carpaccios und die in ein mildes Licht getauchten Welten Giorgiones fanden ihren Höhepunkt in der an Emotionalität und Farbkontrasten kaum zu überbietenden Kunst Tizians in der Hochrenaissance. Wegbereitend wurden in Venedig tätige Maler des 16. Jahrhunderts wie Tintoretto, Palma Il Giovane und Paolo Veronese mit ihrer Bewegungsdynamik und Lichtregie für die Barockkunst, die schließlich im Rokoko in eine überbordende Üppigkeit mündete, wie sie für die Werke der beiden Tiepolo typisch ist. Mit Canaletto und Francesco Guardi erreichte die Vedutenmalerei Venedigs im 18. Jahrhundert ihre Vollendung, während Rosalba Carriera zur gefragten Porträtmalerin avancierte und Pietro Longhis Genremalerei die venezianische Gesellschaft ironisch spiegelte.

148 DORSODURO

FARBE UND LICHT – VENEZIANISCHE MALEREI

Canaletto, der in Deutschland vor allem für seine Dresden-Ansichten bekannt ist, schuf 1730 »Eingang zum Canal Grande« (großes Bild). Unten links: Andrea Mantegnas Darstellung des heiligen Georg (um 1460). Rechte Bildleiste Vittore Carpaccios »Junger Ritter« (1510) und Giovanni Bellinis »Madonna mit segnendem Christus« (um 1470). Links: Giandomenico Tiepolos »Neue Welt« (1797).

COLLEZIONE PEGGY GUGGENHEIM

Vom Canal Grande aus wirkt der Palazzo Venier dei Leoni wie ein Bungalow. Ursprünglich auf mehrere Stockwerke angelegt, wurde von dem Gebäude, das die amerikanische Millionärin Peggy Guggenheim 1949 erwarb, nur das Erdgeschoss fertiggestellt. Hier lebte die Exzentrikerin mehr als 30 Jahre, und hier ist sie auch im Garten neben ihren geliebten Hunden bestattet. In der von ihr zusammengetragenen Kunstsammlung finden sich Werke von Peggys zweitem Ehemann Max Ernst, dem von ihr protegierten Jackson Pollock und vielen anderen herausragenden Künstlern des 20. Jahrhunderts wie Giacometti, Klee, Kandinsky, Miró und Picasso. Ein Blickfänger ist Marino Marinis Bronzeskulptur »Engel der Stadt« (1948) auf der Terrasse zum Canal Grande – eine nackte Reiterfigur, deren erigiertes Glied bei religiösen Prozessionen über den Kanal taktvoll abgeschraubt wurde.

COLLEZIONE PEGGY GUGGENHEIM

In ihrem Domizil am Canal Grande trug die Kunstenthusiastin Peggy Guggenheim eine der bedeutendsten Privatsammlungen moderner Malerei und Plastik zusammen. Das kleine Bild links zeigt sie in ihren Ausstellungsräumen im Jahr 1968. Das Museum bietet einen Überblick über alle Kunstströmungen der klassischen Moderne. Es finden sich hier fast alle klangvollen Namen der Zeit, darunter Picasso (ganz links).

BASILICA DI SANTA MARIA DELLA SALUTE

Der »Madonna des Heils« ist die Kirche geweiht, die als Dank für das Ende der Pestepidemie im Jahr 1630 an der Öffnung des Canal Grande in den Bacino di San Marco errichtet wurde. Die barocke Basilika wurde von Baldassare Longhena begonnen und fünf Jahre nach seinem Tod 1687 vollendet. Sie ist ein achteckiger Zentralbau mit großer Kuppel und ruht auf mehr als einer Million Baumstämmen. Eine Schatzkammer venezianischer Malerei ist die Sakristei der Kirche mit Tintorettos im Jahr 1561 signierter »Hochzeit zu Kanaa« und drei Deckengemälden Tizians: »Kain und Abel«, »Das Opfer Abrahams« und »David und Goliath« (1540 bis 1549). Ein weiteres Bild von ihm entstand in den Jahren 1511/1512 unter dem Eindruck einer früheren Pestwelle. Es zeigt den thronenden heiligen Markus umgeben von den Heiligen Cosmas, Damian, Rochus und Sebastian.

BASILICA DI SANTA MARIA DELLA SALUTE

Schon von Weitem ist die Barockkirche am Eingang des Canal Grande zu erkennen. Zahlreiche frei stehende Statuen schmücken das Bauwerk, dessen Besonderheit die riesigen Voluten sind, die von der unteren Zone zum Tambour der Kuppel überleiten. Das Innere überrascht durch seine klare, in Weiß und Grau gehaltene Gliederung und die Helligkeit, die den kostbaren Marmorfußboden mit seinen Einlegearbeiten betont.

PUNTA DELLA DOGANA

Wie eine Tortenspitze ragt die Punta della Dogana in die Lagunenlandschaft. Hier trennt sich der Canal Grande vom Canale della Giudecca. Ein perfekter Platz für das Seefahrtzollamt – einst. Heute haben sich die Grenzen verschoben und das Gebäude ist zu einem der modernsten Museen der Stadt geworden. 2008 wurde der Palast zu einem Kunstmuseum umgebaut, ganz im minimalistischen Stil für den der japanische Architekt Tadao Ando bekannt ist. 2009 eröffnete dort das Kunstmuseum François Pinault Foundation. Es zeigt Werke zeitgenössischer Künstler aus aller Welt. Die Sammlung gehört weltweit zu den größten ihrer Art. Nur wenige Werke der 2500 Stücke umfassenden Sammlung sind dauerhaft zu sehen, Wechselausstellungen sorgen dafür, dass die Resultate der Schaffenskraft von Jeff Koons, Thomas Schütte, Edward Kienholz oder Charles Ray regelmäßig gezeigt werden.

PUNTA DELLA DOGANA

Fast wirkt der Bau wie im Rohzustand, so sehr puristisch ist er saniert worden. Das passt gut zu den modernen Kunstwerken, die einen wunderbaren Kontrast zur alten Architektur bilden. Nicht nur innen geben Licht- und Audioinstallationen oder Plastiken einen Einblick in das Zeitgenössische, auch vor der Tür des Gebäudes stehen Skulpturen, und sogar das Dach ist mit Kunst geschmückt.

DORSODURO

LA GIUDECCA

Gegenüber dem Sestiere Dorsoduro liegt die Inselgruppe Giudecca, die wegen ihrer Fischgrätenform ursprünglich »Spinalunga« genannt wurde. Einst Lebensort der Patrizier, ist sie heute ein geschätztes Wohngebiet für die venezianische Bevölkerung. In ihrem Westen liegt der Ende des 19. Jahrhunderts von dem deutschen Architekten Ernst Wullekopf in neugotischem Stil gestaltete Molino Stucky, die ehemalige Kornmühle mit angeschlossener Nudelfabrik, die bis 1945 die größte ihrer Art in Italien war und heute ein Fünfsternehotel ist. In der Inselmitte erhebt sich die Kirche Il Redentore, deren Bau Andrea Palladio von 1577 bis 1592 leitete. Die Votivkirche für eine überwundene Pestepidemie ist mit einer großen Kuppel überwölbt, die Marmorfassade lehnt sich an Bauformen antiker Tempel an. Auf der Spitze des Dreieckgiebels steht der Erlöser (»Redentore«) mit dem Kreuz.

LA GIUDECCA

Neben einigen Luxushotels wie dem »Cipriani« und dem »Bauer Palladio« und drei herausragenden Kirchenbauten – Il Redentore, Le Zitelle und Santa Eufemia – dominieren auf der zum Sestiere Dorsoduro gehörenden Inselgruppe gemütliche Wohnviertel der venezianischen Bevölkerung. Die Bewohner genießen ihre Lage abseits vom Trubel, und auch einige Prominente haben hier ihre Domizile.

LA GIUDECCA: LA ZITELLE

Die Kuppelkirche war einst der Zufluchtsort für junge Frauen, denn sie gehörte im 16. Jahrhundert zum angrenzenden Jesuitenkloster. Die Mädchen, auf Italienisch »zitelle«, das heute übrigens eher »alte Jungfern« bedeutet, stammten aus armen Verhältnissen und wurden hier untergebracht. Sie fertigten feinste Klöppelarbeiten, und ihre Spitze war berühmt. Die Klosterkirche selbst gilt als architektonisches Juwel der Stadt, wird sie von einigen dem großen Architekten Andrea Palladio zugesprochen. Die Formensprache des Gebäudes spricht dafür, dass die Kirche ein Werk Palladios ist, andererseits aber wirkt sie nicht so vollkommen wie etwa die benachbarte San Giorgio Maggiore, sodass Kenner davon ausgehen, dass Palladios Nachfolger den Bau entworfen haben. Heute ist die Kirche zumeist für Besucher geschlossen, das Kloster ist zum Luxushotel umfunktioniert worden.

Die dreischiffige Basilika La Zitelle (im linken Bild im Hintergrund) liegt ganz nah des Markusplatzes. Vom einstigen Kloster ist nur noch die Kirche ein sakrales Gebäude, der Rest wurde in ein Hotel umgewandelt. Die Kirche darin wirkt für manch einen wie ein Fremdkörper.

LA GIUDECCA: IL REDENTORE

Die Pest gehörte im 16. Jahrhundert zu den größten Schrecken der Stadt. Etwa 50 000 Menschen starben im 16. Jahrhundert in Venedig an der Seuche, fast ein Viertel der Bevölkerung. Bei derart viel Angst werden oftmals große Gelöbnisse abgelegt, und so versprach auch der Senat, der Stadt eine Kirche zu schenken, wenn die Pest vorüber sei. 1577 begannen die Venezianer mit dem Bau ihrer Votivkirche, die der Stararchitekt Palladio entworfen hatte. Bereits wenige Monate nach der Grundsteinlegung war die Epidemie beendet und Venedig baute nun eines seiner größten und schönsten Gotteshäuser. Es entspricht dem Vorbild antiker Tempel mit seiner kolossalen Fassade, die in einem Dreiecksgiebel endet. Dahinter zeigt sich die Kuppel der Kirche. Der Bau wurde im Jahr 1592 eingeweiht und ziert zahlreiche berühmte Ölgemälde. Noch heute wird das Erlöserfest (Redentore) mit einer Prozession gefeiert.

Am 3. Sonntag im Juli feiert Venedig das Redentore-Fest und gedenkt damit der Opfer der Pest im ausgehenden 16. Jahrhundert. Die gleichnamige Kirche ist ein Votivbau, dem nachgesagt wird, die Pest aus der Stadt vertrieben zu haben.

LA GIUDECCA: LA ZITELLE

LA GIUDECCA: IL REDENTORE

CANALE DELLA GIUDECCA

Wer sich die Kanäle Venedigs immer klein vorstellt, hat den Giudecca-Kanal ganz aus den Augen verloren. Er gehört zu den größten Wasserstraßen der Stadt und mündet im San-Marco-Becken. Der Kanal ist einer der Tiefwasserkanäle Venedigs und auch für große Schiffe geeignet. Während die Altstadt immer verschachtelt und verschlungen wirkt, offenbart sich am Canale della Giudecca plötzlich ein schon fast maritim anmutender Fernblick. Mit seinem Tiefgang und der Breite ist er auch Anlaufstelle für viele Kreuzfahrtschiffe geworden, die wie riesige Hochhäuser inmitten der venezianischen Architektur wirken. Schiffe und Boote auf dem Kanal sowie dessen meerartige Atmosphäre gepaart mit den typisch venezianischen Gebäuden an Land haben schon immer Künstler inspiriert. So findet sich der Kanal etwa auf Gemälden von Francesco Guardi und natürlich von William Turner wieder.

CANALE DELLA GIUDECCA

Er gehört zu den viel befahrenen Wasserstraßen Venedigs – auf dem Canale della Giudecca kreuzen nicht nur kleine Lieferboote, die Waren transportieren, sondern auch Wassertaxis und Krankentransporte bis hin zu unwirklich großen Schiffen und Fähren. Bei der Architektur-Biennale 2014 bildete er einen schönen Hintergrund für Heinz Macks Skulptur »The Sky Over Nine Columns« (unten).

KREUZFAHRTHAFEN – FLUCH UND SEGEN

Der Kreuzfahrttourismus gehört zu den boomenden Branchen weltweit. Immer mehr Schiffsriesen steuern mehr Ziele an und sorgen für das scheinbare Paradox, dass manche Städte tagsüber völlig überlaufen sind und abends dafür nahezu ausgestorben wirken. Nicht nur das regt immer wieder zu Diskussionen an. In Venedig kommen noch viele Faktoren dazu: Wenn die schwimmenden Hotelanlagen am Giudecca-Kanal einlaufen, dann scheinen sie die kleinen venezianischen Bauten schier zu erdrücken und sind optisch alles andere als eine Bereicherung. Das wäre ja noch zu verschmerzen, wenn sie auf Dauer nicht sogar die Stadt gefährden würden. Die großen Schiffe bringen Wellen und wühlen den Boden auf, was langfristig dazu führen wird, dass die Stadt noch mehr und noch schneller absinkt. Bis zu neun Kreuzfahrtschiffe täglich laufen in der Lagune ein, die zu den wichtigsten Cruise-Zielen des Mittelmeeres zählt. Emissionen verschmutzen Luft und Wasser und bringen die ohnehin schon belastete Stadt noch mehr ins Ungleichgewicht. Deswegen haben die Venezianer die Größe der Schiffe limitiert, die direkt vor dem Markusplatz einlaufen dürfen. Die Diskussionen aber sind nicht beendet, denn auf Dauer fürchtet Venedig einen Kollaps. Deswegen ist ein neues Kreuzfahrtterminal außerhalb der Altstadt geplant.

KREUZFAHRTHAFEN – FLUCH UND SEGEN

Die Kontraste könnten größer kaum sein: Riesige Bugs überragen die kleinen Brücken Venedigs, die dazugehörigen Kreuzfahrtschiffe wirken wie überdimensionierte Fremdkörper in dem sonst so harmonischen Stadtbild Venedigs. Verständlich, dass dieses Bild vielen Menschen ein Dorn im Auge ist. Nicht nur deswegen überlegt Venedig nun, einen neuen Kreuzfahrthafen zu errichten – außerhalb der Altstadt.

CANNAREGIO

Cannaregio ist Venedigs nördlichstes Viertel. War es zunächst von Riedgras (»canna«) bestanden und wenig besiedelt, so wurden im 15. Jahrhundert die Juden hierher verbannt – der berühmteste von ihnen, Shylock aus Shakespeares »Kaufmann von Venedig«, ist allerdings fiktiv. Real ist Cannaregio heute der am dichtesten besiedelte Teil der Stadt und Sitz vieler kleiner Gewerbe. Zu dieser Entwicklung trug nicht nur die Lage am Canal Grande bei, der im Süden Cannaregio begrenzt. Auch der im 19. Jahrhundert begonnene Bau des Bahnhofs Santa Lucia half beim Aufblühen des Stadtteils.

Im Palazzo Labia, dem neben der Kirche San Geremia gelegenen, um 1720 erbauten Palast einer Kaufmannsfamilie, findet sich ein Hauptwerk Giambattista Tiepolos. Die Labias statteten den Palast verschwenderisch aus. Tiepolo steuerte die Fresken im Ballsaal bei.

GHETTO

Erste kleinere jüdische Gemeinden dürfte es in Venedig schon um das Jahr 1000 gegeben haben, 1152 wurden in einer Volkszählung 100 Juden erwähnt. Als 1492 alle Juden aus Spanien und Portugal vertrieben wurden, siedelten sich immer mehr in Venedig an. Um sie besser kontrollieren zu können, fasste der Senat am 29. März 1516 einen Beschluss, in dem es hieß: »Die Juden müssen alle gemeinsam in dem Komplex von Häusern wohnen, die sich im Ghetto bei San Girolamo befinden; und damit sie nicht die ganze Nacht umhergehen, sollen … zwei Tore errichtet werden …« Der Name des Viertels bezog sich ursprünglich auf eine in Canareggio ansässige Gießerei (venezianisch: »Getto«); erst später bürgerte er sich allgemein als Bezeichnung für ein abgegrenztes jüdisches Wohnviertel ein. Seit den Verfolgungen des 20. Jahrhunderts leben kaum noch Juden in Cannaregio.

GHETTO

Links und unten links: Der Campo del Ghetto Nuovo war Zentrum des einst abgeschlossenen Wohngebiets der jüdischen Bevölkerung Venedigs. Hier befindet sich auch das Museo Ebraico. Unten rechts: Koschere Backwaren bietet die Bäckerei Panetteria Volpe im Ghetto an, eines der wenigen jüdischen Geschäfte, die es hier heute noch gibt. Ganz links: der Ponte de Ghetto Vecchio.

CANNAREGIO

CHIESA DELLA MADONNA DELL'ORTO

»Heilige Frau vom Gemüsegarten« lautet der Name der Kirche in wörtlicher Übersetzung. Er bezieht sich auf eine als wundertätig verehrte Marienstatue, die angeblich in einem nahe gelegenen Gärtchen gefunden wurde und heute in der Cappella San Mauro der Kirche aufgestellt ist. Das sechsjochige Gotteshaus nördlich des Campo dei Mori stammt ursprünglich aus dem 14. Jahrhundert und wurde im 15. Jahrhundert im spätgotischen Stil umgebaut. Es beherbergt die Gräber Jacopo Tintorettos und seines Sohns Domenico. Tintoretto schuf für die Kirche eine Reihe von Gemälden wie »Das Jüngste Gericht« und »Die Anbetung des Goldenen Kalbs«, die den Chorraum zieren (beide um 1562 bis 1564). Bemerkenswert ist auch Cima da Coneglianos »Johannes der Täufer mit Heiligen« (um 1493). Opfer eines Raubs 1993 wurde ein 1478 von Giovanni Bellini für diese Kirche gemaltes Altarbild.

CHIESA DELLA MADONNA DELL'ORTO

Die Kirche mit ihrer spätgotischen Backsteinfassade, von der sich die weißen Schmuckelemente abheben, liegt etwas versteckt, zählt aber zu den schönsten Gotteshäusern der Stadt. Über dem Portal thront eine Statue des heiligen Christophorus, des Schutzpatrons der Händler, dem die Kirche ursprünglich geweiht war. Links: Eine Oase der Ruhe ist der herrliche Kreuzgang des ehemaligen Klosters.

CANNAREGIO

CAMPO DEI MORI

Der Campo dei Mori erhielt seinen Namen von vier arabisch wirkenden Statuen, die sich in den Nischen der angrenzenden Häuser befinden. Sie stellen angeblich die drei Brüder Mastelli dar. Diese Kaufleute stammten vom Peloponnes und ließen im 12. Jahrhundert an der Seite des Rio Madonna dell' Orto ihren Palazzo bauen. Der Figur des Signor Antonio Rioba Mastelli wurde nachträglich eine eiserne Nase angefügt, an die die Venezianer Spottverse und regierungskritische Schriften hefteten. Die vierte Figur – ein Kaufmann mit einem übergroßen Turban – befindet sich an dem Haus Fondamenta dei Mori 3399, dessen bedauernswerter Zustand nicht vermuten lässt, dass es sich dabei um die Casa Tintoretto handelt. Aber tatsächlich lebte der berühmte Maler hier mit seiner Familie seit 1574 und starb am 31. Mai 1594 auch in diesem Haus. Ein Medaillon mit lateinischer Inschrift erinnert an ihn.

CAMPO DEI MORI

Die vier Statuen am Campo dei Mori, die durch Turbane als Orientalen ausgewiesen sind, beziehen sich wohl auf Mitglieder der Familie Mastelli, die aus Griechenland stammten und in der Lagunenstadt unter anderem durch ihre Investitionen beim Vierten Kreuzzug zu Reichtum gelangten. Großes Bild: das Wohnhaus Tintorettos, der ausschließlich in Venedig lebte und arbeitete und eigentlich Jacopo Robusti hieß.

CANNAREGIO

VENEZIANISCHE SPEZIALITÄTEN

Vom Veneto stets mit frischem Gemüse und Trüffeln versorgt und über den Seehandel mit seltenen Gewürzen beliefert, entwickelte sich in der Lagune bereits im 17. Jahrhundert eine besondere Kochkunst, in der die durch die Meereslage begünstigte Fischküche eine zentrale Stellung einnimmt. Vor allem aus Muscheln, Tintenfischen und Krebsen sowie aus Seeteufeln und Seezungen werden die beliebtesten Gerichte hergestellt. Meist werden sie mit Reis und Gemüse oder mit Polenta gereicht. Als Vorspeise dient oft das in Harry's Bar erfundene Carpaccio, rohes Rinderfilet mit einer Zitronenvinaigrette und Parmesan. Echte Venezianer bevorzugen als Vorspeise aber auch das Nationalgericht »sarde in saor«: marinierte Sardinen mit Rosinen und Pinienkernen. Das bevorzugte Dessert in der Serenissima ist das weit über die Grenzen Italiens hinaus bekannte Tiramisù. Die Süßspeise aus Biskuit, Mascarpone, Kaffee und Eischnee, deren Name »Zieh mich hoch« bedeutet, wurde der Legende nach von venezianischen Kurtisanen für ihre Kunden entwickelt. Heute gehört meist noch ein Schuss Amaretto hinein. Die venezianische Küche lernt man am besten in einer Osteria oder Trattoria kennen, wo man oft auch draußen sitzen kann und das Essen mit einem Gläschen Wein in einem Bàcaro genießt.

VENEZIANISCHE SPEZIALITÄTEN

La dolce vita, das sprichwörtlich süße Leben der Italiener, findet sich natürlich auch in Venedig in Form von zahlreichen Süßspeisen wieder. Beliebt sind »torrone«, eine Form weißen Nougats mit Mandeln und Honig (ganz links) und »meringhe«, Baisergebäcke (links). Zum Hauptgang kommt meist Fisch oder Meeresfrüchte auf den Tisch (großes Bild), auch ein Risotto (unten links) erfreut den Magen.

CANNAREGIO

MISERICORDIAVIERTEL

Östlich der Chiesa della Madonna dell'Orto liegt das Misericordiaviertel, benannt nach der Kirche Santa Maria della Misericordia und der ihr angegliederten Scuola. Das ältere gotische Gebäude der Scuola wurde Anfang des 14. Jahrhunderts errichtet. Die Scuola Nuova entwarf Jacopo Sansovino um 1540. Die geplante Prachtfassade wurde aus Geldmangel nie ausgeführt; die Innenausstattung ging im Lauf der Zeit verloren. Seit einiger Zeit wird das Gebäude mit dem zweitgrößten Saal der Stadt (nach der Sala del Maggior Consiglio im Dogenpalast) zum Kulturzentrum umfunktioniert. Der »Neuen Schule« zugewandt ist die dreibogige Loggia des Palazzo Lezze, dessen Errichtung Baldassare Longhena verantwortete. Im Norden des Viertels, am Beginn der Fondamenta Nuove, liegt die Sacca della Misericordia, ein quadratisches Hafenbecken, das ursprünglich der Holzlagerung diente.

MISERICORDIAVIERTEL

Wer am Rio della Misericordia entlangspaziert, kann hier das ganz »normale« Leben der Venezianer entdecken. Unten: die Fassade der Chiesa dell'Abbazia della Misericordia neben der Scuola vecchia di Santa Maria della Misericordia. Das Gotteshaus geht auf das 10. Jahrhundert zurück, die Fassade erfuhr eine Neugestaltung im Jahr 1659 mit Statuen von Clemente Moli. Die Scuola wurde im Jahr 1310 errichtet.

SAN GEREMIA

Ein merkwürdiges Bauensemble zeigt sich am Canale Cannaregio: Ein hoher Glockenturm schmiegt sich an ein Wohnhaus und wirkt wie ein Fremdkörper. Nebenan wölbt sich eine Kuppel gen Himmel und überspannt einen Bau, der offensichtlich die Form eines griechischen Kreuzes hat. Dieses aber steht nicht frei, sondern an eine Ecke hat sich ein Wohnhaus angeschlossen. Das Ensemble von San Geremia ist ebenso wechselhaft gestaltet wie die Geschichte der Kirche selbst. Das Gotteshaus wurde auf einem Bau errichtet, der schon im 11. Jahrhundert an dieser Stelle zum Beten einlud. Doch es wurde abgerissen, das heutige Bauwerk geht auf das 18. Jahrhundert zurück. Die Marmorfassade mit den Säulen ist ebenso ein typisches Merkmal der Kirche wie der Glockenturm, der mit seinen 43 Metern zu den höchsten Venedigs gehört. Er stammt aus dem 12. Jahrhundert.

SAN GEREMIA

Die Gebeine der heiligen Lucia von Syrakus sollen sich in der Kirche San Geremia befinden. Sie sind in einem goldenen Schrein aufbewahrt und öffentlich zugänglich. Zudem beherbergt das Gotteshaus einige wertvolle Sakralgemälde aus dem 18. Jahrhundert. Von außen wirkt es eher so, als ob die Kirche knapp in eine Baulücke eingepasst worden sei. Der Glockenturm ist der älteste Teil der Kirche.

SANTA MARIA ASSUNTA DEI GESUITI

Ursprünglich war das Gotteshaus Mitte des 12. Jahrhunderts für den Kreuzritterorden errichtet worden. Im späten 17. Jahrhundert wurde es für den Jesuitenorden umgestaltet und Santa Maria Assunta geweiht. Von Domenico Rossi (1678–1742) wurde die Kirche geplant und erhielt eine neue Fassade in römischen Barockformen. Im Innern birgt sie ein Meisterwerk des späten Tizian: das »Martyrium des heiligen Laurentius« (1558), der auf einem Rost zu Tode gefoltert wurde, sowie die »Himmelfahrt Mariens« von Paolo Veronese. Der Innenraum besticht durch seine imposante Dekoration aus weißem und grünem Marmor. Das Gewölbe von Langhaus und Chor wurde von Louis Dorigny und Francesco Fontebasso in hellen Farben und Goldtönen freskiert, der hochbarocke Altar von Giuseppe Pozzo geschaffen. Über dem Marienaltar befindet sich eine »Madonna Assunta« von Tintoretto (1555).

SANTA MARIA ASSUNTA DEI GESUITI

Links: Engel schmücken die Fassade der Jesuitenkirche gleich bei den Fondamente Nuove, die von G. B. Fattoretto gestaltet wurde. Ihr Inneres ist üppig mit Stuck und Fresken verziert – ein Novum für Venedig zu dieser Zeit. Einlegearbeiten verzieren die weißen und grünen Innenwände. Die Marmorverkleidung des Hochaltars bildet eine perfekte Harmonie mit dem Weiß und Gold der Stuckdecke (unten).

SANTA MARIA DEI MIRACOLI

Ein Marienbildnis soll einst Wunder gewirkt haben – das lässt schon der Name der Kirche vermuten: Santa Maria dei Miracoli. Hoch über dem Altar findet sich heute die Ikone der Jungfrau Maria, die einst wundersame Heilungen vollbracht haben soll. Ihr zu Ehren wurde diese Kirche errichtet und in nur acht Jahren vollendet. Santa Maria dei Miracoli gehört zu den ersten Renaissancebauten der Stadt und wurde 1481 begonnen. Pietro Lombardo war der federführende Baumeister dieser Kirche, die zugleich sein wichtigstes Werk wurde. Er musste die Kirche in eine Baulücke einfügen, deswegen konnte er in mehreren Kirchenschiffen seine Gestaltungskunst zeigen. Entstanden ist so ein einschiffiges Gotteshaus mit Tonnengewölbe und einem rundbogigen Giebel. Nicht nur von außen ist die Kirche mit Marmor verkleidet, auch im Inneren wurde der edle Stein auf Hochglanz poliert.

SANTA MARIA DEI MIRACOLI

Manchmal wirken Steine wie Fresken, etwa wenn es sich um Marmor handelt. Die komplette Innenausstattung der Kirche ist in diesem Stein gehalten, der sich dort in verschiedenen Farbvariationen und Marmorierungen präsentiert. Die rechteckigen Muster sorgen für Ruhe und Struktur. Großes handwerkliches Können dokumentiert bis heute die schwere Kassettendecke, die Darstellungen von Propheten zeigt.

MARCO POLO

Als Marco Polo (um 1254–1324) nach 24-jähriger Abwesenheit nach Venedig zurückkehrte, erkannten ihn nicht einmal seine nächsten Verwandten. Sein Aussehen hatte sich verändert, seine Kleidung wirkte fremd, seine Muttersprache war von fremd klingenden Ausdrücken durchsetzt. Aber was er zu erzählen hatte, ließ alle aufhorchen: »Ihr Herren Kaiser, Könige, Herzöge, Fürsten, Grafen, Ritter und alle, die ihr den Wunsch habt, Kunde zu erlangen von den mannigfaltigen Völkern des Menschengeschlechts und den verschiedenen Reichen … im Osten der Welt: lest dieses Buch.« So beginnt der Prolog des Reiseberichts von Marco Polo, der im Jahr 1271 als 17-Jähriger nach China aufgebrochen war und nach dreieinhalbjähriger Reise quer durch Asien auf zahlreichen Nebenrouten der Seidenstraße an den Hof des Mongolenkaisers Kublai Khan in der Nähe des heutigen Peking gelangt sein soll, wo er 20 Jahre in der Gunst des Großkhans gelebt und ausgedehnte Reisen durch das ganze Reich unternommen haben will. Zwar zweifelte man schon zu Lebzeiten des venezianischen Kaufmannssohns am Wahrheitsgehalt seiner Erinnerungen; er selbst aber beteuerte noch auf seinem Sterbebett, nicht einmal die Hälfte des wirklich Gesehenen erzählt zu haben.

MARCO POLO

Nur eine unscheinbare Plakette am Corte Prima del Milion erinnert an den berühmten Einwohner: Hier soll Marco Polo seine Jugend und seine Altersjahre in Venedig verbracht haben (unten). Das Haus ist nicht zu besichtigen, lediglich eine darin untergebrachte Osteria lädt zum Besuch ein. Links: Abreise Marco Polos aus Venedig, Buchillustration aus dem ausgehenden 15. Jahrhundert.

SAN MARCUOLA

Ihre Fassade wirkt, als befände sich die Kirche noch im Rohbau. Irgendwie ist das auch richtig, denn die Außenwände des Gotteshauses sind nie wirklich erneuert worden. Und so scheint es, als seien die Löcher in den Ziegelsteinen Vorbohrungen für Marmoraufsätze, die nur darauf warten, angebracht zu werden. Was von außen so spartanisch aussieht, überrascht mit einem formvollendeten Innenraum: Weißer Marmor leuchtet dem Besucher entgegen, fein ausgearbeitete Rundbögen mit eingearbeiteten Säulen und Reliefs. Wunderschön ausgestaltete Statuen zieren die licht wirkende Kirche. Es scheint nicht nur so, als hätten sich die Handwerker im Inneren der Kirche total verausgabt und keine Kraft mehr für die Gestaltung des äußeren Erscheinungsbildes gehabt – tatsächlich wurde das Innere zuerst fertig, und für die Fassadengestaltung fehlte schließlich das Geld.

Vom äußeren Erscheinungsbild dieser Kirche sollten sich Besucher nicht täuschen lassen: San Marcuola sieht zwar aus, als würde sie gleich abgerissen oder als hätte man vergessen, sie weiterzubauen, aber im Inneren glänzt sie mit formvollendeten Räumen.

CA' D'ORO

Mit Gold waren sie einst überzogen, die Marmorverzierungen der Fassade dieses Palastes, der deswegen auch »oro«, den italienischen Ausdruck für Gold, im Namen trägt. Wie schön muss sich dieses Gold einst von den ultramarin gefassten Rundbögen abgehoben haben! Doch die alte Pracht ist verschwunden, denn sie wurde abgerissen; der dafür zuständige Architekt Meduna musste sich dafür später wegen Vandalismus vor Gericht verantworten. Die Substanz des Palastes stammt aus dem 15. Jahrhundert und gilt als Musterbeispiel des spätgotischen Flamboyant-Stils. Das Goldene Haus war zu seiner Anfangszeit eine der wichtigsten Sehenswürdigkeiten Venedigs. Bergauf ging es mit dem Palast erst in den letzten Jahren des 19. Jahrhunderts, als Baron Giorgio Franchetti ihn fast wieder in den ursprünglichen Stil versetzen ließ und viele der alten Bausünden bereinigte.

Die ausgehende Gotik und beginnende Renaissance können Kunsthistoriker an diesem Gebäude ablesen. Während die oberen Torbögen spätgotische Kanten aufweisen, deuten die unteren runden Formen auf die Renaissance hin. In dem Palast befindet sich heute ein Kunstmuseum.

FONDACO DEI TEDESCHI

Zugegeben: Der deutsche Stil ist immer ein wenig nüchterner als der oftmals ausschweifende italienische. So wirkt auch dieses Gebäude eher wie ein Verwaltungsbau denn wie ein Palast. Entworfen wurde es im beginnenden 16. Jahrhundert, als der Vorgängerbau abgebrannt war. Schon im 13. Jahrhundert war dieses Gebäude wohl die Niederlassung deutscher Händler in der Stadt. An der Fassade werden die offenen Arkaden sichtbar, die fast auf Wasserhöhe zu liegen scheinen. Hier wurden einst die Waren an- und ausgeladen. Gewürze, Tücher und andere Güter aus dem Orient wurden hier eingelagert und für den Transport über die Alpen vorbereitet. Ein solches Haus hatte den Vorteil für die Zollbeamten, dass die Kontrollzone übersichtlich war. Nicht nur die Waren lagerten dort, die Handelsvertreter fanden in dem Haus auch eine Bleibe. Speise- und Schlafsäle zeugen davon.

Wo einst die Kaufleute ihre Waren umgeschlagen haben, ist heute ein großer Edelboutique-Komplex entstanden. Das Haus war früher das Zentrum deutschen Lebens in Venedig. In der Umgebung des Fondaco hatten sich viele deutsche Gasthäuser angesiedelt.

CA' D'ORO

CASTELLO

Der östlich an San Marco angrenzende Stadtteil Castello ist der flächenmäßig größte Sestiere Venedigs. Sein Name leitet sich von den Befestigungsanlagen ab, die bereits im 8. Jahrhundert angelegt wurden. Bis zum Bau des Markusdoms lag in Castello das geistliche Zentrum der Stadtrepublik. Die Kirche San Pietro war bis 1807 offizielle Kathedrale des Bistums Venedig. Eine besondere Bedeutung hatte das Viertel auch wegen des Arsenale – jener Werft, in der die Schiffe der Flotte gebaut wurden, dank derer die Lagunenstadt zur bedeutendsten Seemacht im ganzen Mittelmeerraum avancierte.

Das bereits 1104 gegründete Arsenale war einst die durch Mauern gesicherte Schiffswerft der überall gefürchteten venezianischen Seeflotte. Um 1420 arbeiteten hier 16 000 Leute.

CAMPO SANTI GIOVANNI E PAOLO

Drei Monumente prägen diesen Platz, der zu den eindrucksvollsten Venedigs zählt: der Backsteinbau der gotischen Dominikanerkirche Santi Giovanni e Paolo, die Scuola Grande di San Marco und Andrea del Verrocchios kolossales Reiterstandbild des Söldnerführers Bartolomeo Colleoni. Die von Pietro Lombardo und Mauro Codussi erbaute Scuola gilt als ein Meisterwerk venezianischer Baukunst der Frührenaissance. Von der Fertigstellung im 15. Jahrhundert bis auf den heutigen Tag, an dem sich ein Krankenhaus darin befindet, diente das Haus der Laienbruderschaft vom heiligen Markus wohltätigen Zwecken. Von den zahlreichen Kunstschätzen, die das Innere des Gebäudes einst zierten, ging bis auf zwei Gemälde von Tintoretto und Veronese leider weitgehend alles im 19. Jahrhundert verloren. Erhalten und renoviert ist die Holzdecke im Bibliothekssaal aus dem 16. Jahrhundert.

CAMPO SANTI GIOVANNI E PAOLO

Die mächtige Backsteinkirche Santi Giovanni e Paolo mit dem spätgotischen Portal von Bartolomeo Bon beherrscht den Platz (unten), in dessen Zentrum sich das nach Plänen Andrea del Verrocchios 1496 vollendete Reiterdenkmal des »Colleoni« erhebt (links). Die mit polychromem Marmor inkrustierte Fassade der Scuola Grande di San Marco (links im Bild unten) besitzt unten vier Hochreliefs von Tullio Lombardo.

BASILICA DEI SANTI GIOVANNI E PAOLO

Die im Volksmund »Zanipolo« genannte, dreischiffige gotische Säulenbasilika mit Vierungskuppel ist der größte Sakralbau Venedigs. Das 35 Meter hohe Kreuzrippengewölbe des Mittelschiffs zählt zu den höchsten in Europa. San Zanipolo war die bevorzugte Grablege der Dogen. Von den Grabmälern der 27 hier bestatteten Dogen sind besonders die gotischen Wandgräber Michele Morosinis und Tomaso Mocenigos sowie die Gräber für Nicolò Marcello und Pietro Mocenigo von Pietro Lombardo und für Andrea Vendramin von Tullio Lombardo aus der Zeit der Renaissance zu erwähnen. Sehenswert sind außerdem der barocke Hochaltar von Baldassare Longhena, ein von Giovanni Bellini geschaffenes Polyptychon und Giovanni Battista Piazzettas Deckengestaltung der Cappella di San Domenico sowie die »Anbetung der Hirten« in der Cappella del Rosario, ein Hauptwerk Paolo Veroneses.

BASILICA DEI SANTI GIOVANNI E PAOLO

Die gewaltige Dominikanerkirche wurde nach einer Stiftung 1234 im Laufe von zwei Jahrhunderten im Stil der Bettelordenskirchen erbaut. Das Langhaus mit den mächtigen Säulenpfeilern war 1369 fertiggestellt. Das baldachinbekrönte Grab des Dogen Tomaso Mocenigo entstand im Übergang von der Gotik zur Renaissance; ein Glanzstück der Renaissance ist das Marmorgrab für Andrea Vendramin (Bildleiste von oben).

CASTELLO 191

RUND UM DEN CAMPO SANTA MARIA FORMOSA

Prächtige Paläste säumen den Campo Santa Maria Formosa. An seiner Ostseite liegen der in seiner Anlage noch vorgotische Palazzo Vitturi, der Palast von Sebastiano Venier und der Palazzo Donà in gotischer Formsprache. An die Nordseite grenzt der Palazzo Priuli Ruzzini Loredan aus dem 17. Jahrhundert mit manieristischem Gepräge. Südlich des Campo steht der Renaissancepalast Malipiero aus dem 16. Jahrhundert und in der Südwestecke die Ende des 15. Jahrhunderts von Mauro Codussi errichtete Kirche Santa Maria Formosa. Ebenfalls südlich des Campo erhebt sich der Palazzo Querini Stampalia aus dem 16. Jahrhundert. Seine Innengestaltung – vor allem das von Jacopo Guarana freskierte Hochzeitszimmer von 1790 – gilt als ein Musterbeispiel des Settecento. Die Kunstsammlung der Familie Querini enthält neben den Werken venezianischer Meister auch kostbare Drucke.

RUND UM DEN CAMPO SANTA MARIA FORMOSA

Rund um den Campo Santa Maria Formosa mit der gleichnamigen Kirche, die von einem hohen Campanile überragt wird (Bilder unten), kann man noch viel ursprüngliches Venedig erleben, obwohl freilich auch hier am Rio di Santa Maria Formosa Touristen in Gondeln unterwegs sind (ganz links). Im herrschaftlichen Palazzo Priuli Ruzzini (links) ist heute ein elegantes Hotel untergebracht.

PALAZZO QUERINI STAMPALIA

PALAZZO GRIMANI

PALAZZO QUERINI STAMPALIA

Mehr als sieben Jahrhunderte lang sammelte die Familie Querini-Stampalia Bücher. Manche dieser Werke stammen aus dem 13. und 14. Jahrhundert, darunter auch die Fabeln von Äsop, Handschriften oder illuminierte Manuskripte. 1868 vermachte Graf Giovanni Querini-Stampalia diese Büchersammlung der Stadt Venedig – mit einer Auflage: Die nun öffentliche Bibliothek solle bis in die späten Abendstunden zugänglich sein. So öffnet das Haus heute bis 23 Uhr seine Tore für Besucher. Nicht nur die Bücher sind sehenswert, der Palast und seine Innenausstattung sind es ebenso. Das Gebäude stammt ursprünglich aus dem 16. Jahrhundert und wurde im 18. Jahrhundert um eine dritte Etage aufgestockt. Aus der Rokokozeit des 18. Jahrhunderts stammt auch die Inneneinrichtung, die aufgrund ihrer diversen Kunstschätze besonders sehenswert ist.

Das Entree wurde im 20. Jahrhundert renoviert und zählt zu den modernsten Teilen des Hauses, in dem zeitgenössische Kunst gezeigt wird. Zu den ständig gezeigten Kunstschätzen gehören Werke von Giovanni Bellini und Vincenzo Catena.

PALAZZO GRIMANI

An den Reichtum der Dogen erinnert der Renaissancebau Palazzo Grimani. Nahe der Rialtobrücke gelegen, zählt er zu den architektonischen Meisterwerken seiner Zeit. Baumeister Michele Sanmicheli hat ihn entworfen, und der Triumphbogen in der Mitte bestimmt das Erscheinungsbild des weißen Marmorgebäudes. Einst war es nur eingeschossig geplant, doch schon bald muss die Bauwut der Venezianer zugeschlagen haben, denn es wurden zwei weitere Geschosse hinzugefügt. So überragt der Palazzo heute die übrigen Gebäude an der Rialtobrücke. Während sich die untere Fassade mit ihren Pilastern eher kantig zeigt, ist darüber eine lichtere Version mit Säulen zu sehen. Kunsthistoriker kritisieren bis heute den scheinbaren Stilbruch von mächtigem Kranzgesims, Säulen und durchgängigem Balkon. Hier vereinen sich venezianische und toskanische Baustile.

Der Palast sollte einst abgerissen werden, wurde später aber zum Postamt umfunktioniert. Nach langer Umbauzeit ist er jetzt als Museum geöffnet, dort werden Sonderausstellungen gezeigt. Sehenswert ist der zentrale Innenhof.

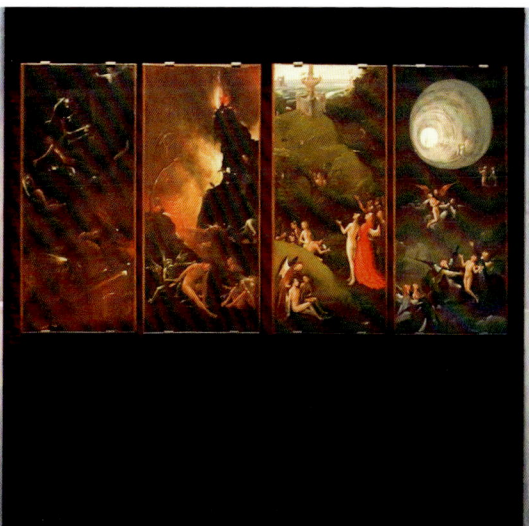

VERBORGENE SCHÖNHEITEN: VENEDIGS GÄRTEN

Venedig? Das ist Wasser, Gondeln und Brücken – aber Gärten vermutet man hier am allerwenigsten. Grüne Oasen jenseits der Palazzi und Kirchen, jenseits der Wasserstraßen und Plätze. Und genau das macht den Reiz der Gärten der Stadt aus. Von hohen Mauern eingerahmt, sind sie zumeist vor den Blicken neugieriger Besucher geschützt und kaum zu erahnen. Lediglich manche der Grünflächen sind bei einer Bootstour zu vermuten, wie etwa der Palazzo Malipiero am Canal Grande mit seinen Buchsbaumhecken, Rosenbeeten und Seerosenbecken. Springbrunnen plätschern und Figuren schmücken Mauernischen. Andere verraten ihre grüne Pracht nur durch Spitzen von Blauregen oder Efeu, die über die hohen Mauern lugen. Die Venezianer, so scheint es bei näherer Betrachtung, nutzen jedes Plätzchen, um Pflanzen wachsen zu lassen. Ob Petunien oder Geranien in Töpfen oder Kästen, die an den Fenstern angebracht sind, knorrige Olivenbäume als Schattenspender in den Innenhöfen, Feigenbäume oder Klematis – Venedig scheint ein fruchtbares Klima zu besitzen. Vor allem die Luxushotels pflegen die Tradition der Gärten bis heute, und so bieten sie ihren Gästen oft einzigartige Frühstücksplätze. Aber auch in kleineren Häusern wird man häufig fündig und entdeckt ideenreich angelegte Streifen Grün.

VERBORGENE SCHÖNHEITEN: VENEDIGS GÄRTEN

Blauregen wuchert über Eisentore, Zitronenbäumchen in Töpfen neben Skulpturen – Venedigs Gärten sind vielfältig. Manche bieten sogar die Gelegenheit, in kleinen Alleen zu spazieren. Mimosen sind hier ebenso selbstverständliche Begleiter wie Oleander, und sogar Weinreben wachsen in manchen Innenhöfen. Spezielle Stadttouren führen zu den schönsten Gärten der Stadt, ob in Kloster, Palast oder eben Hotel.

SAN ZACCARIA

Ihren Reiz erhielt die Kirche San Zaccaria im 15. Jahrhundert durch Mauro Codussi, der die oberen Geschosse im Stil der Renaissance harmonisch der hochgotischen Formensprache seines verstorbenen Vorgängers Antonio Gambello anpasste. Einmalig in Venedig ist die Anlage als dreischiffige Basilika mit polygonalem Chorschluss und einem Chorumgang mit fünf Apsiden. Die starke Betonung der Horizontalen, der abschließende Rundgiebel und in ihrer Form der Antike entlehnte Säulen und Pilaster im oberen Teil sind typisch für die Renaissance, während der untere Bereich gotisch wirkt. Höhepunkt der Kirche ist Giovanni Bellinis »Sacra Conversazione«, ein spätes Hauptwerk des Künstlers. Es zeigt die thronende Madonna mit Kind, umgeben von den Heiligen Petrus, Katharina, Lucia und Hieronymus. Die gemalte Architektur setzt sich in den Halbsäulen der Marmorrahmung fort.

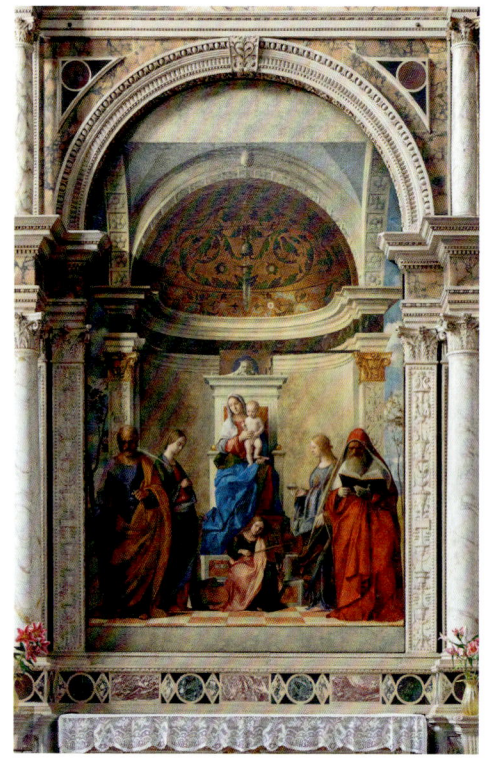

SAN ZACCARIA

Neben Bellinis Madonna (linke Bildleiste unten) bietet die Kirche San Zaccaria mit ihrer imposanten Fassade (links) einige weitere kunsthistorische Höhepunkte: In der San-Torasio-Kapelle steht das Polyptychon von Antonio Vivarini und dessen Schwager Giovanni d'Alemagna aus dem 15. Jahrhundert (großes Bild). Die Wände zieren Fresken von Andrea del Castagno, die die Evangelisten zeigen (um 1442, rechte Bildleiste).

CASTELLO 199

SCUOLA DI SAN GIORGIO DEGLI SCHIAVONI

Seehändler, die aus Dalmatien (Schiavonia) einwanderten, gründeten eine Bruderschaft – die Dalmatiner, auch Slavonier genannt – und ließen ihre Scuola vom Venezianer Vittore Carpaccio (um 1465 bis 1525/26) ausgestalten. In den Jahren 1501 bis 1511 schuf er einen einmaligen Bilderzyklus. In vielen Details erzählt der Maler Ereignisse aus dem Leben der dalmatinischen Schutzpatrone Georg, Trifon und Hieronymus – vom Drachenkampf des Ersteren bis zur Heilung des durch einen Dorn verletzten Löwen durch den Letzteren. Die Darstellungen der Berufung des Matthäus und von Christus am Ölberg ergänzen das Bildprogramm. Die lebendige und realistische Gestaltung beeindruckt, insbesondere in der Darstellung des berittenen Georgs als Drachentöter und des Hieronymus in einer Studierstube mit einem Interieur aus der Renaissancezeit.

SCUOLA DI SAN GIORGIO DEGLI SCHIAVONI

Von außen relativ unspektakulär wirkt die weiße Fassade der Scuola di San Giorgio degli Schiavoni (im Bild links, neben dem Palazzo Schiavoni). Sie wurde von Jacopo Sansovino gestaltet. Teil des Bildzyklus' von Vittore Carpaccio im Inneren der Schule ist die Geschichte vom heiligen Georg. Unter anderem wird die Szene gezeigt, in der er König und Königin von Selene in Libyen tauft (unten).

ARSENALE

Mit mehr als 32 Hektar nimmt das Arsenale die größte Fläche im Stadtteil Castello ein. Als Werft, Waffenlager und Flottenstützpunkt ab 1104 angelegt, wuchs das Herzstück venezianischer Schiffsbaukunst mit den Siegen der Kriegsflotte und der wirtschaftlichen Bedeutung der Handelsflotte. Schon von Dante in der »Göttlichen Komödie« besungen, war das Arsenale mit seinen bis zu 30 000 Arbeitern bekannt für seinen schnellen und soliden Schiffsbau, der den Venezianern während der Kreuzzüge und Türkenkriege enorme Vorteile verschaffte. Die arbeitsteilige Produktionstechnik wurde zum Vorbild für moderne Fließbandarbeit. Von den Festungsanlagen, die die Werft einst zur Gänze umschlossen, sind heute besonders der im 15. Jahrhundert angelegte Eingang über die Landseite, der Ingresso di Terra, und das Wassertor, Ingresso all'Acqua (16. Jahrhundert), zu bewundern.

ARSENALE

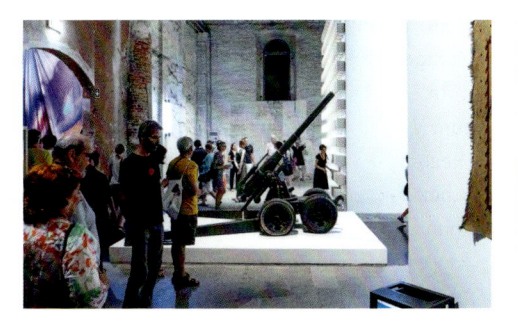

Neben dem Wassertor Ingresso all'Acqua am Arsenale mit seinen Türmen aus dem 16. Jahrhundert, befindet sich der 1460 wie ein Triumphbogen gestaltete Landzugang mit dem geflügelten Markuslöwen (unten). Während der Biennale wird in den alten Hallen moderne Kunst gezeigt (ganz links: »Cannone Semovente (Gun)« von Pino Pascali auf der Biennale 2015; links: Lichtinstallationen von Spencer Finch, 2009.

CASTELLO

MUSEO STORICO NAVALE

Nicht nur die Lagunen prägen die Stadt, sondern allem voran die Lage am Meer. Seit der Zeit der Etrusker war der Ozean nicht nur Lebensgrundlage, sondern wichtiger Knotenpunkt für den Handel, etwa mit Salz und Getreide, aber auch mit Tuch, Sklaven und hier gebauten Schiffen. Wie diese Handelsverbindungen von der Frühzeit bis heute ausgesehen haben und vor allem welche Rolle die Seefahrt für die Entwicklung der Stadt gespielt hat, darüber informiert das Museo Storico Navale. Das Schifffahrtsmuseum ist in einem alten Kornspeicher aus dem 16. Jahrhundert untergebracht und zählt zu Unrecht zu den unbekannten Museen der Stadt. Dort sind nicht nur Kriegsschiffe ausgestellt, sondern auch außergewöhnliche Gondeln sowie Nachbauten, etwa der berühmten Goldenen Barke, der Bucintoro. Nautische Instrumente, Uniformen, Waffen und Muscheln runden die Sammlung ab.

MUSEO STORICO NAVALE

Kunstvoll bemalte Barken oder Schiffe beeindrucken im Schifffahrtsmuseum von Venedig. Wer sich die Ausstellung anschaut, findet in den zahlreichen Gemälden eindrucksvolle Zeugnisse des damaligen Alltags in den Adelshäusern. Waffen und nautische Instrumente zählen ebenso zu den Exponaten wie Modelle phönizischer Schiffe aus dem 6. Jahrhundert v. Chr. Vor der Tür weisen schwere Anker auf das Museum hin.

LA BIENNALE: KUNST, ARCHITEKTUR, FILM, TANZ, MUSIK UND THEATER

Seit 1895 findet in den jeweils ungeraden Jahren zwischen Juni und Oktober die Kunstausstellung Biennale di Venezia statt. Anfang des 20. Jahrhunderts wurden in den Giardini Pubblicci, den 1807 angelegten öffentlichen Gärten im Viertel Castello, rund um den Palazzo delle Esposizioni nationale Pavillons errichtet, in denen führende Künstler ihre Werke ausstellen. Inzwischen wird auch das Arsenale mit seinen Hallen aus dem 16. Jahrhundert als Ausstellungsfläche genutzt. Außerdem gibt es zahlreiche weitere Ausstellungsorte teilnehmender Staaten, über das gesamte Stadtgebiet verteilt. In den geraden Jahren findet seit einigen Jahrzehnten die Architekturbiennale statt. Ebenfalls zum Umfeld der Biennale zählen die Internationalen Filmfestspiele. Erstmals 1932 veranstaltet, sind sie seit 1935 im August/September ein jährliches Ereignis auf dem Lido. Alle Biennale-Veranstaltungen erregten immer wieder mediales Aufsehen: so etwa, als der Künstler Günther Uecker 1970 einen Pfeiler am Portikus des deutschen Pavillons vernagelte, um auf die martialische Ästhetik des 1938 von den Nazis umgestalteten Baus hinzuweisen. Für die Stadt sind Biennale und Filmfestspiele eine wichtige Einnahmequelle, ziehen sie doch Hunderttausende Kulturtouristen an, die hier zeitgenössische Kunst wie ein buntes Fest genießen.

LA BIENNALE: KUNST, ARCHITEKTUR, FILM, TANZ, MUSIK UND THEATER

Großes Bild: Installation des argentinischen Künstlers Tomas Saraceno im Palazzo delle Esposizioni bei der Biennale 2009. Bildleiste von oben: Impressionen der Architektur-Biennale 2016: gemeinsamer Pavillon Tschechiens und der Slowakei, Schweizer Pavillon, Hauptgebäude und schwedischer Pavillon. Links: Biennale-Präsident Paolo Baratta und Filmfestdirektor Alberto Barbera bei den Filmfestspielen 2015.

CASTELLO 207

INSELN DER LAGUNE

Die Lagune von Venedig erstreckt sich halbmondförmig über etwa 50 Kilometer Länge von Jesolo im Osten bis Chioggia im Südwesten. Sie ist bis zu 15 Kilometer breit und bildet neben dem Podelta sogar das größte Feuchtbiotop Italiens. Ihre herrlichen Inseln, zu denen auch Burano und Murano gehören, und die schmalen Landzungen, die sie von der Adria abgrenzen, entstanden durch Ablagerungen der hier ins Meer mündenden Flüsse. An drei Stellen ist die Lagune mit dem offenen Meer verbunden: am Porto di Lido, am Porto di Malamocco und am Porto di Chioggia.

Auf Burano kann man noch die Idylle einer alten Fischersiedlung erleben. Typisch für die beschauliche Insel sind die kleinen, in leuchtend bunten Farben gestrichenen Fischerhäuser.

INSELN DER LAGUNE

SAN PIETRO DI CASTELLO

Bereits im 8. Jahrhundert befand sich an dieser Stelle eine Kirche. Sie muss aber zu schlicht gewesen sein für die aufstrebende Handelsmacht – Mitte des 15. Jahrhunderts ließ der Bischof von Venedig hier ein neues Gotteshaus errichten. Es sollte Sitz des Patriarchen der Stadt werden, und dies verlangte ein angemessenes Gebäude. So wurde »Stararchitekt« Andrea Palladio mit dem Entwurf betraut, der jedoch nur stark vereinfacht umgesetzt werden konnte. Die gestalterische Verwandtschaft mit Il Redentore ist unübersehbar. Das Portal wird von zwei Nebenportalen flankiert, über dem dreischiffigen Kirchengebäude spannt sich eine große Kuppel. Sie war früher eine der wichtigsten Kirchen der Stadt, obwohl sie sich außerhalb des Zentrums befindet. Bis ins beginnende 19. Jahrhundert hinein fungierte sie als Bischofssitz, dann aber verlagerte Napoleon diesen in die Markuskirche.

SAN PIETRO DI CASTELLO

Was von außen eher schlicht wirkt, beeindruckt im Inneren mit großer künstlerischer Pracht: Die Kirche San Pietro di Castello ist ausgestattet mit Werken vornehmlich aus dem 17. Jahrhundert, darunter der Hauptaltar, der von Baldassare Longhena gestaltet wurde und mit vielen Skulpturen geschmückt ist. Altarbilder und Büsten in der gesamten Kirche sind von namhaften Künstlern jener Zeit gestaltet worden.

INSELN DER LAGUNE

ISOLA DI SAN MICHELE

Zwischen Murano und der nördlichen Uferpromenade, den Fondamente Nuove, im Sestiere Castello liegt San Michele, die Friedhofsinsel Venedigs. Einst war sie der Sitz des Kamaldulenserklosters, in dem Fra Mauro gegen Ende des 15. Jahrhunderts seine berühmte kreisförmige Weltkarte schuf. Für den Konvent baute Mauro Codussi seit 1469 die Kirche San Michele in Isola mit einer Fassade aus istrischem Marmor im Stil der Renaissance. Wenige Jahrzehnte später wurde unter Leitung von Guglielmo Bergamasco die sechseckige Cappella Emiliana errichtete. Unter napoleonischer Herrschaft wurde das Kloster aufgelöst, San Michele 1837 mit dem Inselchen San Cristoforo verbunden und bald darauf als Friedhofsanlage von einer Mauer eingefasst. Auf San Michele fanden berühmte Persönlichkeiten wie Ezra Pound, Joseph Brodsky und Igor Strawinsky ihre letzte Ruhestätte.

ISOLA DI SAN MICHELE

Auf die Friedhofsinsel San Michele, die zwischen Murano und Venedig liegt, kommen Besucher vor allem wegen der Kirche San Michele in Isola und der Cappella Emiliana (links). Berühmtheiten liegen auf dem Friedhof begraben, darunter die russische Adlige Sonia Kaliensky, die Enrico Butti für ihr Grab in Bronze verewigte (großes Bild), oder Igor Strawinsky (zweites Bild von oben in der Bildleiste).

INSELN DER LAGUNE

MURANO

Das Glasbläserhandwerk wurde in Venedig schon seit frühesten Zeiten gepflegt. Aus Brandschutzgründen und um das Geheimnis der Herstellung farbigen Glases zu wahren, verlegte man das Gewerbe im 13. Jahrhundert auf die nördlich gelegene Insel Murano, wo es noch heute blüht und die Tourismusbranche mit teuren Produkten beglückt. Meisterwerke aus Muranoglas sind viele der Lüster, die in den venezianischen Palazzi bewundert werden können. Raritäten aus Glas zeigt das Museo del Vetro auf der Insel. Ein Besuch lohnt sich aber auch wegen ihrer Bauwerke. Die Basilica di Santi Maria e Donato aus dem 12. Jahrhundert enthält farbenprächtige Bodenmosaiken; ihr Chor ist außen mit eindrucksvollen zweigeschossigen Kolonnaden verkleidet. Der gotische Palazzo da Mula ist eine der letzten erhaltenen Sommerresidenzen reicher Venezianer auf dieser Insel.

MURANO

Die Basilica di Santi Maria e Donato auf Murano beeindruckt durch den zweigeschossigen Chorbereich mit seinen zierlichen Doppelsäulen sowie dem Mosaikfußboden aus dem Jahr 1140 und dem plastischen Schmuck (Bilder links). Der zugehörige Campanile mit quadratischem Grundriss steht frei etwas abseits der Kirche, davor überspannt der Ponte di Donato den gleichnamigen Kanal (unten).

MURANOGLAS – ZERBRECHLICHE KUNST

Das Glasbläserhandwerk erlebte in der römischen Antike eine glanzvolle Zeit, doch während der Völkerwanderungszeit ging das Wissen, wie sich dünnwandiges, farbiges Glas herstellen lässt, verloren. Erst im Mittelalter wurden venezianische Händler in Byzanz wieder in die Kunst der Glasherstellung eingeführt. Sie machten Venedig zu »der« Glasstadt in Europa. Die Öfen der Glasbläser, die zunächst im Norden der Stadt betrieben wurden, waren häufig die Quelle von Bränden. Aus diesem Grund und um das Geheimnis der Herstellung farbigen Glases zu wahren, dessen Weitergabe bei Androhung der Todesstrafe verboten war, verlegte man das Gewerbe im 13. Jahrhundert auf die Insel Murano. Hier ist das Handwerk noch heute eine Haupterwerbsquelle und beglückt die Touristen mit Produkten in feinster Qualität vom Briefbeschwerer über Trinkgläser und Vasen bis hin zu modernen Kunstobjekten. Eine Preziose aus Muranoglas sind die Lüster, auf die das Handwerk seit Jahrhunderten spezialisiert ist und die viele der venezianischen Palazzi zieren. Im Eingangsbereich des glasgeschichtlichen Museo del Vetro auf Murano sind drei dieser großen Deckenleuchter zu bewundern. Einer davon stammt aus der 1854 gegründeten Werkstatt der »Fratelli Toso«, der führenden Glasmanufaktur Venedigs.

MURANOGLAS – ZERBRECHLICHE KUNST

Zur Glasherstellung werden Quarzsand, Soda und Kalk mit Metalloxiden, die die Farbe bestimmen, bei 1370 Grad Celsius verschmolzen. Dann beginnt der »maestro vetraio« mit der Kunst des Glasblasens. Scheren und Zangen dienen zur Verfeinerung des Objekts. Großes Bild: polychromer Lüster aus Muranoglas in der Chiesa di San Geremia, die im Sestiere Cannaregio steht.

INSELN DER LAGUNE 217

BURANO

Südlich von Torcello findet man die über eine Holzbrücke mit der Nachbarinsel Mazzorbo verbundene Insel Burano. Diese zählt mit ihren langen Reihen bunter kleiner Häuser zu den malerischsten Flecken der Lagune. Die knalligen Farben der Hausfassaden sollen der Legende nach den Fischern als Orientierungshilfe gedient haben, wenn sie im trüben Nebel nach Hause kamen. Lange Zeit lebten die Bewohner vom Fischfang. Vier eng aneinander liegende Inseln bilden das Ensemble von Burano, das insgesamt durch acht Brücken miteinander verbunden ist. Die Inselgruppe gehört zu den frühesten Siedlungsorten von Venedig. Das Wahrzeichen des Archipels ist zum einem der schiefe Glockenturm der Kirche San Martino, der hoch über die Silhouette der Stadt hinausragt. Zudem ist die Insel für ihre Klöppel- und Stickereikunst bekannt.

BURANO

Der schiefe Campanile der Kirche San Martino (großes Bild) ist ebenso schon von Weitem zu sehen wie die vielen bunten Fischerhäuser an den schmalen Kanälen, die den besonderen Charme von Burano ausmachen. Dabei hatte die farbenfrohe Fassadenfarbe einst rein praktische Gründe, erleichterte sie doch den Fischern das Auffinden ihres eigenen Anlegeplatzes.

INSELN DER LAGUNE

DAS IST SPITZE! BURANOS KLÖPPELHANDWERK

Die kleine Inselgruppe Burano mit ihren bunten Häusern ist ein beliebtes Touristenziel und für die Spitzenstickerei der Frauen berühmt. Sie entwickelten die als »reticella« bekannte aufwendige Nadelspitzentechnik, für die Doppeldurchbrüche, der »punto in aria« (Luftstich) und geometrische Formen oder orientalische Muster typisch sind. Mit einem Leinenfaden und der Nadel formen die Frauen dabei den typischen Schlingstich, dessen Besonderheit die festen Formen sind. Zu einem Markenbegriff wurde »Burano« für Stickereien mit gelber Seide. Die feine Handarbeit brachte im 18. Jahrhundert zeitweise einen wirtschaftlichen Aufschwung in das Fischerviertel. Die exquisite künstlerische Handarbeit konnte sich aber im Zeitalter der industriellen Fertigung von Spitzen nicht behaupten; sie wäre fast ausgestorben, weil sie zu aufwendig war. Junge Frauen wollten es nicht mehr lernen, und so blieb nur noch eine einzige Frau übrig, die die überlieferten Sticktechniken anwandte. Deswegen wurde 1872 die Stickereischule Scuola di Merletti gegründet. Sie stand unter dem besonderen Schutz der Königin, und so konnte die feine Spitzenarbeit bis heute erhalten bleiben. Kunstvolle Ornamente, figürliche Darstellungen oder auch reich verzierte Bordüren sind Markenzeichen der charakteristischen Spitze aus Burano.

DAS IST SPITZE! BURANOS KLÖPPELHANDWERK

Ein Kissen auf dem Schoß, die Füße auf einer kleinen Bank – die Stickerinnen von Burano sitzen so wie schon vor 200 Jahren zusammen und halten Schwätzchen, während sie die feine Handarbeit ausführen. Dabei mussten sie es sich kurzweilig machen, und das am besten gemeinsam, denn die mühsame Stickerei braucht sehr viele Arbeitsstunden. Heraus kommen die typischen Motive aus Burano-Spitze.

INSELN DER LAGUNE

MAZZORBO

Wer Artischocken mag, ist hier genau richtig: Im Gegensatz zum benachbarten Burano, das dicht besiedelt ist und über eine Holzbrücke erreicht werden kann, geht es auf Mazzorbo eher ländlich zu. Das kleine Landwirtschaftseiland ist als Gemüseinsel bekannt. Hier werden Tomaten und anderes Gemüse angebaut, ebenso wie Wein oder Obstbäume. Die Insel, deren Bauten ebenfalls bunte Fassaden zieren, zählt zu den am frühesten besiedelten Posten Venedigs. Mit dem heute rund 300 Einwohnern geht es auf dem fast rechteckig geformten Eiland eher gemächlich zu. Zu den Hauptsehenswürdigkeiten zählt die Kirche Santa Caterina. Ihr Campanile beherbergt die älteste Kirchenglocke von Venedig, diese stammt aus dem Jahr 1318. Einst hing die Glocke in San Michele Arcangelo im Sestiere San Marco, doch sie wurde nach Mazzorbo überführt.

MAZZORBO

Die Kirche Santa Caterina gehört zu den Kunstschätzen der Insel. Ihre Ursprünge reichen ins 8. Jahrhundert zurück, besonders auffällig ist ihr karierter Fußboden. Im einstigen Benediktinerkloster findet heute jedes Jahr ein großes kulinarisches Festival im Klostergarten statt – im Sommer können sich die Besucher durch gebratene Polenta und Fischspezialitäten probieren, gekrönt von einem Glas Wein.

TORCELLO

Im Norden der Lagune liegt Torcello, eine der am längsten besiedelten Inseln. Sie war seit dem 7. Jahrhundert Sitz des Bischofs von Altino, erlebte im frühen Mittelalter eine Blütezeit, wurde dann aber ein Opfer der Versumpfung. Von der einstigen Größe zeugen vor allem die Sakralbauten: die 1008 geweihte dreischiffige Kathedrale Santa Maria Assunta und die angrenzende Kirche Santa Fosca. Beide sind Meisterwerke der Baukunst im byzantinischen Stil. Die Apsis der Kathedrale schmückt eine Madonna aus dem 12./13. Jahrhundert, eine der schönsten Mosaikarbeiten in Venedig; ihr gegenüber befindet sich mit einer riesigen Darstellung des Weltgerichts eine weitere Perle der Mosaikkunst. Spolien aus einer älteren Kirche wurden in die Marmorkanzel eingearbeitet. Ein schlichter Steinsitz vor dem Gebäude soll einmal dem Hunnenkönig Attila als Thron gedient haben.

TORCELLO

Aus Torcellos Zeit als Bischofssitz sind zwei bedeutende byzantinisch geprägte Bauwerke erhalten: die Kathedrale Santa Maria Assunta (großes Bild und ganz links) und die als Rundbau mit Säulenvorhallen errichtete Taufkirche Santa Fosca gleich daneben (unten rechts). Zu den größten Kunstschätzen der Kathedrale zählt die Altarschranke mit den Bildtafeln Mariens und der Apostel aus dem 15. Jahrhundert.

INSELN DER LAGUNE

SAN FRANCESCO DEL DESERTO

Diese kleine Insel in der Lagune von Venedig war schon immer für ihre Stille berühmt: So soll Franz von Assisi sich dort im 12. Jahrhundert niedergelassen haben, als er aus Ägypten zurückgekehrt war. Hier entstand so ein eigener Franziskanerorden, der auch Klöster und Kirchen errichtete. Die kleine Insel aber wurde schon immer vom ansteigenden Meeresspiegel bedroht und musste schon im 7. Jahrhundert gegen das Hochwasser geschützt werden. Auch feuchtes Klima und Meerwasser setzten dem Minoritenkloster der Franziskaner stark zu, sodass es dem Verfall preisgegeben war. So entstand auch der Name, der übersetzt »heiliger Franziskus der Wüste« bedeutet. Papst Pius II. brachte mit einem Erlass den Umschwung: Als er im 15. Jahrhundert die Insel den Minoriten zusprach, begannen ein Renovierungsboom und ein Neuanfang für das Kloster.

SAN FRANCESCO DEL DESERTO

Nur mit privaten Booten ist San Franceso del Deserto erreichbar. Die Insel wurde geprägt von dem Kloster der Minoriten, das im 15. und 16. Jahrhundert seine Glanzzeit erlebte. Unter Napoleon wurde es geplündert, der schöne Kreuzgang und der Zypressengarten aber zeugen noch heute von einstiger Pracht. Schon in der Frühzeit hatten die Bewohner der Insel mit dem steigenden Meeresspiegel zu kämpfen.

LIDO

Als luxuriöser Ort der Dekadenz ging der Lido durch Thomas Manns »Der Tod in Venedig« (1912) in die Weltliteratur ein. Obgleich es das Grand Hotel Excelsior heute ebenso noch gibt wie die blau-weiß gestreiften Badekabinen, von denen aus sein Protagonist Achenbach den Knaben Tadzio betrachtete, hat der Lido inzwischen viel von seinem mondänen Charme verloren. Auch das Hotel des Bains, in denen Manns Erzählung angesiedelt ist, hat inzwischen seine Pforten geschlossen. Im 19. Jahrhundert wurde auf der zwölf Kilometer langen Sandbank das erste Strandbad der Welt eröffnet; um 1900 avancierte der Lido zum elegantesten Badeort Europas; heute ist seine Adriaseite eine überlaufene Badeanstalt. Nur einmal jedes Jahr erinnert der Lido an Glanz und Gloria vergangener Tage: wenn er im August bei den Filmfestspielen zum Laufsteg der Leinwandprominenz avanciert.

LIDO

Legendäre Hotelpaläste wie das derzeit geschlossene Hotel des Bains (unten) zeugen von der Zeit, als sich am Lido Europas High Society in den Sommermonaten ein Stelldichein gab. Literarisch verewigt wurde er durch Thomas Manns Novelle »Der Tod in Venedig«. Im Hotel des Bains, in dem Mann logierte, drehte auch Luchino Visconti im Jahr 1971 die Verfilmung von Manns Werk.

SAN LAZZARO DEGLI ARMENI

Westlich des Lido liegt eines der bedeutendsten Zentren für armenische Religion und Kultur außerhalb des Stammlands. Die dem Schutzheiligen der Leprakranken geweihte Insel San Lazzaro wurde zunächst als Quarantäneort für Aussätzige genutzt. Nach kurzzeitiger Besiedlung durch Dominikaner im 16. Jahrhundert gründete der armenische Mönch Mechitar von Sebasteia mit einigen Mitbrüdern im Jahr 1717 ein Kloster auf der Insel. Es ist bis heute das Mutterhaus des Mechitaristenordens, der den armenisch-katholischen Ritus pflegt. In besonderem Maße den Musen gegenüber aufgeschlossen, trug dieser Orden eine kulturgeschichtlich bedeutsame Sammlung armenischer und orientalischer Bildwerke, Handschriften und Bücher zusammen, die heute besichtigt werden kann. Der englische Dichter Lord Byron, der seit 1816 in Venedig lebte, erlernte im Konvent die armenische Sprache.

SAN LAZZARO DEGLI ARMENI

Nur im Rahmen von Führungen kann diese Insel besichtigt werden. Etwa 15 Minuten lang dauert die Überfahrt mit dem Vaporetto vom Lido auf die armenische Klosterinsel. Dort angekommen, wird man von einem der Mönche durch das Kloster mit seiner Kirche (links) und dem Kreuzgang geführt. Besonders reich ausgestattet und mit Kunstwerken versehen ist die prachtvolle Klosterbibliothek (unten).

PELLESTRINA

Salziger und sandiger Boden haben Pellestrina zu einer Insel der Fischer werden lassen, denn fruchtbarer Boden für die Gemüsezucht war hier Fehlanzeige. Die lange und schmale Insel liegt wie ein Bollwerk vor der Lagune, nur wenige 100 Meter misst ihre breiteste Stelle. Das Meer hat sich des Landes hier schon oft bedient und im Laufe der Jahrhunderte viel Boden abgetragen. Schon im 18. Jahrhundert schützten die Bewohner die Insel mit Mauern aus istrischem Marmor, weil sie befürchteten, ihre Insel würde abgetragen. Immer wieder rissen Sturmfluten Gebäude mit sich, vor allem im Jahr 1966 fürchtete man, die Insel würde ganz untergehen. Heute leben hier mehr als 4000 Menschen; für viele ist Muschelfang der Haupterwerb. Telline, die Muschelart, die die Einheimischen fangen, kommen nur vor der Insel vor und werden am liebsten mit Pasta serviert.

PELLESTRINA

Die kleine schmale Insel Pellestrina lockt nicht nur Touristen mit dem Boot, sondern lässt sich auch per Rad gut erkunden. Mit der friedlichen Atmosphäre und den im Vergleich zu Venedig eher wenigen Touristen geht es auf der Insel beschaulich zu. Neben dem Muschelfang gehört die Klöppelkunst zu den traditionellen Handwerken des Eilands, das nur wegen seiner Schutzmauern nicht vom Meer überschwemmt wurde.

INSELN DER LAGUNE

CHIOGGIA

Die Halbinsel Chioggia mit der gleichnamigen Stadt, die auf zwei Inseln errichtet wurde und über eine Brücke mit dem Festland verbunden ist, gehörte seit dem Krieg gegen Genua im Jahr 1380 zur Serenissima. Von Chioggias langer Stadtgeschichte als Bischofssitz zeugt die Kathedrale Santa Maria Assunta aus dem 12. Jahrhundert, die Baldassare Longhena im 17. Jahrhundert neu gestaltete und in deren Innerem sich bedeutende Werke von Künstlern wie Palma Giovane, Domenico Negri und Cima da Conegliano befinden. Bei Touristen beliebt ist der belebte Stadtkern Chioggias rund um den Corso del Popolo – mit sehenswerten Bauten und vielen gemütlichen Bars – sowie der Sandstrand Sottomarina. Die Stadt am Venta-Kanal ist auch Schauplatz einer Komödie des Bühnendichters Carlo Goldoni: »Viel Lärm in Chiozza« aus dem Jahr 1761.

CHIOGGIA

»Klein-Venedig« wird Chioggia auch genannt – wegen seiner Ähnlichkeit mit der großen »Schwester«. Wie am Canal Grande stehen in Chioggia die teils durchaus prachtvollen Häuser am Venta-Kanal (unten und ganz links) und vermitteln das romantische Flair einer Stadt am Wasser. Die kleine Basilica di San Giacomo steht am beliebten Corso del Popolo und wurde 1742 erbaut (links).

INSELN DER LAGUNE

VILLEN AM BRENTAKANAL

Als Verbindung zwischen Padua und Venedig wurde die Brenta seit dem 16. Jahrhundert auf einer Länge von über 33 Kilometern kanalisiert. Betuchte Venezianer ließen an den Ufern des Kanals prächtige Landsitze errichten. Wer von der Lagune kanalaufwärts fährt, entdeckt nahe dem Flecken Fusina die Villa Foscari, die auch »La Malcontenta« genannt wird. Sie wurde von Andrea Palladio 1560 entworfen und von Giambattista Zelotti freskiert.

Gleich mehrere Paläste schmücken das Örtchen Mira, am sehenswertesten ist die von Alessandro Tirali im Stil des Rokoko gestaltete Villa Widmann-Foscari mit Fresken von Giuseppe Angeli und Gerolamo Mengozzi. Das imposanteste Gebäude an der Riviera del Brenta ist die ausladende Villa Pisani kurz vor Padua. In ihrem Ballsaal, dessen Decke Giovanni Battista Tiepolo freskierte, trafen Hitler und Mussolini 1934 erstmals zusammen.

VILLEN AM BRENTAKANAL

Über 150 Patriziervillen bezeugten einst den Reichtum der Venezianer an der Riviera del Brenta, dem Ufergebiet des Brentakanals. Die Villa Contarini-Camerini wurde 1546 begonnen und im 17. Jahrhundert erweitert (links), die Villa Pisani 1756 vollendet (unten). Die Villa Foscari La Malcontenta mit umfassenden Park entwarf Andrea Palladio für die Brüder Foscari (ganz links).

INSELN DER LAGUNE

REGISTER

A
Acqua alta 44
Anafesta, Paolucco 46
Arsenale 186, 202

B
Balzac, Honoré de 24, 61
Barbaro, Antonio 69
Bellini (Cocktail) 66
Bellini, Gentile 147
Bellini, Giovanni 121, 149, 168, 190, 195, 198
Biblioteca Marciana 40
Biennale 206
Bleikammern 54
Bon, Bartolomeo 126, 189
Brentakanal, Villen 236
Brodsky, Joseph 45, 212
Burano 218

C
Ca' d'Oro 184
Ca' Goldoni 118
Ca' Pesaro 104 f.
Ca' Rezzonico 142
Caffè Florian 24
Calatrava, Santiago 106
Campo dei Mori 170
Campo San Moisè 65
Campo San Polo 116
Campo San Trovaso 144
Campo Santa Margherita 140
Campo Santa Maria Formosa 192
Campo Santi Giovanni e Paolo 188
Canal Grande 80 ff.
Canale della Giudecca 160
Canaletto 148
Cannaregio (Sestiere) 164 ff.
Canova, Antonio 120
Capote, Truman 66
Carpaccio, Vittore 104, 146, 148, 200
Casanova, Giacomo 56
Castagno, Andrea del 199
Castello (Sestiere) 186 ff.
Catena, Vincenzo 195
Chiesa San Polo 116
Chioggia 234
Cicchetti 136
Cicogna, Pasquale 99
Codussi, Mauro 27
Codussi, Mauro 94, 106, 124, 188, 192, 198, 212
Collezione Peggy Guggenheim 150
Contarini, Pietro 68

Cornaro, Caterina 96
Correr, Teodoro 27

D
Dickens, Charles 63
Dogen 46
Dogenpalast s. Palazzo Ducale
Donatello 120
Dorsoduro (Sestiere) 138 ff.

E, F
Ernst, Max 150
Falier, Marin 94
Feste 42
Fondaco dei Tedeschi 185
Fondaco dei Turchi 130
Foscari, Francesco 120
François Pinault Foundation 154
Franz von Assisi 226

G
Galleria dell'Accademia 146
Galleria Franchetti 104
Gärten 196
Geschichte der Stadt 50 ff.
Ghetto 166
Giardini Pubblicci 206
Giorgione 146, 148
Gobbo 114
Goethe, Johann Wolfgang von 24
Goldoni, Carlo 118, 234
Gondeln 92
Gondolieri 92
Guggenheim, Penny 150

H
Harry's Bar 66
Hemingway, Ernest 24
Hochwasser s. Acqua alta
Hotel Danieli 62

I
Il Redentore 158
Ingresso all'Acqua 202
Inseln der Lagune 208 ff.
Ipato, Orso 46
Isola di San Michele 212

K
Kaliensky, Sonia 213
Karneval 70
Kreuzfahrthafen 162

L
La Giudecca 156 ff.
La Zitelle 158
Lido 228
Liszt, Franz 24
Lombardo, Pietro 124, 180, 188
Longhena, Baldassare 58, 174, 190, 234
Longhi, Pietro 148
Lotto, Lorenzo 140
Lucia von Syrakus, heilige 177

M
Mack, Heinz 161
Madonna dell'Orto, Chiesa della 168, 174
Malerei, venezianische 148
Mann, Thomas 24, 228
Mantegna, Andrea 104, 148
Marini, Marino 150
Markus, heiliger 30
Markusdom s. San Marco, Basilica di
Markusplatz s. Piazza di San Marco
Massari, Giorgio 27
Mazzorbo 222
Medici, Lorenzino de' 116
Mercato di Rialto 112
Mercerie 78
Merulo, Claudio 74
Meyring, Heinrich 65
Michiel, Domenico 34
Misericordiaviertel 174
Mocenigo, Tomaso 190
Modulo Sperimentale Elettromeccanico (M.O.S.E.) 44
Molino Stucky 156
Monteverdi, Claudio 62, 74
Murano 214
Muranoglas 216
Museo Civico Correr 27
Museo Ebraico 167
Museo Storico Navale 204
Musik, venezianische 74
Musset, Alfred de 62

REGISTER

N, O
Napoleon Bonaparte 18, 70
Ombre 136

P
Paläste (Baugeschichte) 90
Palazzo Balbi 95
Palazzo Cavalli-Franchetti 88
Palazzo Contarini del Bovolo 68
Palazzo Contarini-Fasan 88
Palazzo da Mula 214
Palazzo delle Esposizioni 206
Palazzo Ducale 48
Palazzo Falier 94
Palazzo Grimani 195
Palazzo Labia 106, 165
Palazzo Lezze 174
Palazzo Mocenigo 128
Palazzo Priuli Ruzzini Loredan 192
Palazzo Querini Stampalia 192, 195
Palazzo Vendramin-Calergi 106
Palazzo Vitturi 192
Palladio, Andrea 58, 132, 156 ff., 210, 236
Palma, Jacopo d. J. 65, 69
Pellestrina 232
Piazza di San Marco 18
Piazzale Roma 106
Piazzetta di San Marco 34
Piazzetta, Giovanni Battista 190
Polo, Marco 182
Ponte degli Scalzi 107
Ponte dei Sospiri 54
Ponte dell'Accademia 94
Ponte della Costituzione 106
Ponte di Rialto 98
Pound, Ezra 212
Prokuratien 18
Proust, Marcel 24, 61
Punta della Dogana 154

R
Regata Storica 96
Rialtobrücke s. Ponte di Rialto
Rore, Cipriano de 74
Rossi, Domenico 178
Rubens, Peter Paul 69

S
Sacca della Misericordia 174
San Francesco del Deserto 226
San Geremia 176
San Giacomo dall'Orio 134
San Giacomo di Rialto 114
San Giorgio Maggiore 58
San Lazzaro degli Armeni 230
San Marco, Basilica di 28 ff.
  - Mosaiken 32
San Marco (Sestiere) 16 ff.
San Marcuola 184
San Moisè 65
San Nicolo da Tolentino 132
San Pietro di Castello 210
San Polo (Sestiere) 110 ff.
San Salvador, Chiesa di 76
San Zaccaria 198
San Zanipolo 190
Sand, George 62
Sansovino, Jacopo 40, 174, 201
Santa Croce (Sestiere) 110 ff.
Santa Maria Assunta dei Gesuiti 178
Santa Maria dei Miracoli 180
Santa Maria del Giglio 69
Santa Maria della Salute, Basilica di 152
Santa Maria Formosa 192
Santa Maria Gloriosa dei Frari 120
Santa Maria Zobenigo 69
Santi Giovanni e Paolo, Basilica dei 190
Santi Maria e Donato, Basilica di 214
Scamozzi, Vincenzo 132
Scuola dei Varotari 140
Scuola di San Giorgio degli Schiavoni 200
Scuola Grande dei Carmini 140
Scuola Grande di San Giovanni Evangelista 124
Scuola Grande di San Marco 188
Scuola Grande di San Rocco 126
Selva, Gian Antonio 72
Seufzerbrücke s. Ponte dei Sospiri
Spezialitäten, venezianische 172
Spitze 220
Squero di San Trovaso 144
Staël, Germaine de 24
Strawinsky, Igor 212

T
Teatro La Fenice 72
Teatro San Benedetto 72
Theodor Tiro, heiliger 34
Tiepolo, Giambattista 116, 140, 236
Tiepolo, Giandomenico 116, 149
Tintoretto, Jacopo 27, 48, 58, 63, 69, 117, 126, 148, 152, 168, 170, 178, 188
Tizian 27, 76, 104, 120, 122, 152, 178
Torcello 224
Torre dell'Orologio 27
Traghetti 92
Tron, Nicolo 120
Turner, William 24
Twain, Mark 24

V
Vendramin, Andrea 190
Venta-Kanal 234
Verdi, Giuseppe 24
Verkehr 108
Veronese, Paolo 48, 146, 148, 188, 190
Verrocchio, Andrea del 189
Villa Foscari 236
Vivaldi, Antonio 74

W, Z
Wagner, Richard 24, 60, 106
Welles, Orson 66
Willaert, Adrian 74
Wullekopf, Ernst 156
Zattere 144

BILDNACHWEIS/IMPRESSUM

C = Corbis
G = Getty Images
M = Mauritius Images

Cover: Look/age fotostock

S. 1 Look/age fotostock, S. 2/3 H. & D. Zielske, S. 4/5 H. & D. Zielske, S. 6/7 G/SuperStock, S. 8/9 H. & D. Zielske, S. 10/11 Look/Matthias Tunger, S. 12/13 G/Holger Leue, S. 14/15 G/Matteo Colombo, S. 16/17 G/Matteo Colombo, S. 18/19 G/Angelo Cavalli, S. 19 G/Panoramic Images, S. 21/23 G/Atlantide Phototravel, S. 24/25 H. & D. Zielske, S. 25 M/Paul Mayall, S. 25 G/Ken Scicluna, S. 25 Look/Travel Collection, S. 26 Look/age fotostock, S. 26 M/Alamy, S. 27 M/Paul Williams, S. 27 G/SuperStock, S. 28/29 H. & D. Zielske, S. 29 M/Alamy, S. 29 G/Tibor Bognár, S. 30 G/Rob Tilley, S. 31 G/Heritage Images, S. 31/32 G/Paolo Cordelli, S. 32 G/Jon Arnold, S. 32/33 G/Mondadori Portfolio, S. 33 G/Hugh Rooney, S. 33 G/Peter Unger, S. 34/35 Look/Katharina Jaeger, S. 35 G/Atlantide Phototravel, S. 36/39 G/Matteo Colombo, S. 40/41 M/Alamy, S. 41 G/De Agostini Picture Libary, S. 41 M/Alamy, S. 41 M/Alamy, S. 42/43 G/Awakening, S. 43 G/JannHuizenga, S. 44/45 G/EyeEm, S. 45 G/Matteo Colombo, S. 46/47 G/Mondadori Portfolio, S. 47 G/Danny Lehman, S. 47 G/A. Dagli Orti, S. 47 G/Fine Art, S. 47 G/Heritage Images, S. 47 G/Sergio Anelli, S. 48/49 G/Sylvain Sonnet, S. 49 G/Stephen Studd, S. 50/51 G/De Agostini Libary, S. 51 M/Paul Williams, S. 52/53 M/Alamy, S. 53 M/Alamy, S. 54/55 G/Peter Zelei, S. 55 G/Peter Zelei, S. 56/57 G/Reporters Associati & Archivi, S. 57 G/Heritage Images, S. 57 M/Alamy, S. 58/59 M/hwo, S. 59 M/United Archives, S. 59 M/Westend61, S. 60/61 M/Paul Williams, S. 62/63 Look/Sabine Lubenow, S. 63 M/Alamy, S. 63 G/Atlantide Phototravel, S. 63 G/Awakening, S. 63 G/Topic Images, S. 64 M/Stefan Espenhahn, S. 64 Look/Rainer Mirau, S. 65 M/Archaeo Images, S. 65 G/Lisa und Wilfried Bahnmüller, S. 65 G/Mondadori Portfolio, S. 66/67 Look/Sabine Lubenow, S. 67 Mauritius/Adam Eastland, S. 67 M/Alamy, S. 68 M/Alamy, S. 68 M/Alamy, S. 69 M/Alamy, S. 69 M/Alamy, S. 70 G/Federica Baldo, S. 70 Look/Tobias Richter, S. 70/71 G/Alexander Macfarlane, S. 71 Look/age fotostock, S. 71 Look/age fotostock, S. 71 Look/age fotostock, S. 71 Look/age fotostock, S. 71 Look/Rainer Martini, S. 72 M/Alamy, S. 72 G/Mats Silvan, S. 72/73 Look/Sabine Lubenow, S. 73 M/Alamy, S. 74/75 M/Alamy, S. 75 G/Imagno, S. 75 G/Italian School, S. 75 G/Leemage, S. 76/77 G/Krzysztof Dydynski, S. 77 M/Alamy, S. 77 G/F. Ferruzzi, S. 78 G/Ken Scicluna, S. 78/79 H. & D. Zielske, S. 79 G/Awakening, S. 79 H. & D. Zielske, S. 80/81 G/DieterMeyrl, S. 82/83 G/Rilind Hoxha, S. 83 G/Atlantide Phototravel, S. 84/87 G/fotoVoyager, S. 88/89 G/Atlantide Phototravel, S. 89 G/Atlantide Phototravel, S. 90/91 G/Peter Zelei, S. 91 M/age fotostock, S. 91 G/fotoVoyager, S. 91 G/Peter Zelei, S. 91 G/Slow Images, S. 91 G/Tibor Bognár, S. 91 Look/travelstock44, S. 92 M/age fotostock, S. 92 G/Alan Copson, S. 92/93 G/John Greim, S. 93 M/age fotostock, S. 93 M/age fotostock, S. 93 G/Jesus Sanchez, S. 94/95 G/Atlantide Phototravel, S. 95 G/Jon Arnold, S. 96/97 G/Picavet, S. 97 M/Hermann Dobler, S. 97 G/Picavet, S. 98/99 G/Martin Ruegner, S. 99 G/Maremagnum, S. 99 M/Stefano Paterna, S. 100–103 G/fotoVoyager, S. 104/105 H. & D. Zielske, S. 105 G/Atlantide Phototravel, S. 106/107 G/Marino Todesco, S. 107 G/P. Lubas, S. 108/109 Look/Rainer Martini, S. 109 M/Alamy, S. 109 M/Alamy, S. 109 M/Alamy, S. 109 M/Alamy, S. 109 M/Alamy, S. 109 Look/Page Chichester, S. 110/111 Look/age fotostock, S. 112/113 G/Atlantide Phototravel, S. 113 M/age fotostock, S. 113 M/Image Source, S. 113 M/Kevin Galvin, S. 113 M/Paul Williams, S. 113 M/Alan Copson, S. 113 M/Peter Barritt, S. 114/115 G/Joe Daniel Price, S. 115 M/Alamy, S. 116/117 M/Alamy, S. 117 M/Alamy, S. 117 M/Alamy, S. 118 M/Alamy, S. 118/119 M/Alamy, S. 119 M/Alamy, S. 119 M/Alamy, S. 119 M/Alamy, S. 120 Look/Holger Leue, S. 120 G/Sylvain Sonnet, S. 120/121 G/Marco Brivio, S. 121 M/Alamy, S. 121 Look/Sabine Lubenow, S. 121 G/Sylvain Sonnet, S. 122 G/Imagno, S. 122/123 G/De Agostini Picture Libary, S. 123 G/E. Lessing, S. 123 G/A. Dagli Orti, S. 123 G/A. Dagli Orti, S. 124/125 Look/age fotostock, S. 125 M/Alamy, S. 125 M/Alamy, S. 126/127 Look/age fotostock, S. 127 G/Mondadori Portfolio, S. 127 G/Mondadori Portfolio, S. 127 G/Mondadori Portfolio, S. 127 G/Mondadori Portfolio, S. 127 G/Mondadori Portfolio, S. 128/129 G/Mondadori Portfolio, S. 129 G/David Lees, S. 129 G/Marco Secchi, S. 129 G/Marco Secchi, S. 129 G/Marco Secchi, S. 130/131 M/Alamy, S. 131 G/Yulia-Images, S. 132/133 G/John Freeman, S. 133 M/Alamy, S. 133 M/Alamy, S. 134/135 M/Stefan Espenhahn, S. 135 M/Stefan Espenhahn, S. 135 G/SuperStock, S. 136 G/Awakening, S. 136 G/Awakening, S. 136 G/Awakening, S. 136 Look/Rainer Martini, S. 136/137 G/Lisa J. Goodman, S. 137 M/Alamy, S. 137 G/Awakening, S. 138/139 M/Alamy, S. 140 M/Alamy, S. 141 M/Alamy, S. 141 M/Alamy, S. 142 G/A. Dagli Orti, S. 142/143 G/De Agostini Libary, S. 143 G/Bojan Brecelj, S. 143 G/De Agostini Libary, S. 143 G/Jonathan Herbert, S. 144/145 M/Alamy, S. 144/145 M/Alamy, S. 145 G/Atlantide Phototravel, S. 145 G/Emreturanphoto, S. 146 G/F. Ferruzzi, S. 146 G/G. Nimatallah, S. 146 G/Mondadori Portfolio, S. 146/147 G/Mondadori Portfolio, S. 147 M/age fotostock, S. 148 G/F. Ferruzzi, S. 148/149 G/Fine Art, S. 149 G/Fine Art, S. 149 M/Peter Barritt, S. 149 G/Vincenzo Fontana, S. 150/151 G/Jon Arnold, S. 151 M/Michele Bella, S. 151 G/Tony Vaccaro, S. 152/153 G/Joe Daniel Price, S. 153 C/Jean-Pierre Lescourret, S. 153 C/Sylvain Sonnet, S. 154 G/Alberto Pizzoli, S. 154 G/Awakening, S. 154 G/Awakening, S. 154 G/Hans Georg Roth, S. 154/155 G/Atlantide Phototravel, S. 155 G/Rosmarie Wirz, S. 155 G/Stevens Fremont, S. 156/157 G/Paul Miles, S. 157 Look/Andreas Strauß, S. 158 G/Slow Images, S. 158/159 G/Andreas Poschmann, S. 159 M/Alamy, S. 160/161 G/J.M.F. Almeida, S. 160/161 G/J.M.F. Almeida, S. 161 G/Christoph Rosenberger, S. 162/163 G/Ed Norton, S. 163 M/Alamy, S. 163 M/Alamy, S. 164/165 G/Pierre Ogeron, S. 166 Look/Katharina Jaeger, S. 166/167 Look/Holger Leue, S. 167 M/hwo, S. 167 M/hwo, S. 168/169 G/Sylvain Sonnet, S. 169 G/Marco Brivio, S. 169 G/Marco Brivio, S. 170/171 G/Maremagnum, S. 171 G/Panoramic Images, S. 171 M/Peter Barritt, S. 172/173 G/Helen Cathcart, S. 173 G/Ken Scicluna, S. 173 G/LauriPatterson, S. 173 G/Ngoc To Vy Nguyen, S. 174/175 G/Thomas Haupt, S. 175 G/Alessandro Guerani, S. 176/177 M/Alamy, S. 177 M/Alamy, S. 177 M/Alamy, S. 177 M/hwo, S. 178/179 M/Alamy, S. 179 M/Stefan Espenhahn, S. 180 M/Alamy, S. 180/181 M/Alamy, S. 181 M/Alamy, S. 182/183 G/Wayne Fogden, S. 183 G/De Agostini Libary, S. 184 G/John Freeman, S. 184 Look/Sabine Lubenow, S. 185 M/Alamy, S. 185 M/Alamy, S. 185 M/Alamy, S. 186/187 G/Joe Daniel Price, S. 188/189 G/Slow Images, S. 189 M/Alamy, S. 190/191 Look/Sabine Lubenow, S. 191 M/Alamy, S. 191 Look/Sabine Lubenow, S. 191 Look/Sabine Lubenow, S. 192/193 M/Alamy, S. 193 M/Alamy, S. 193 M/Alamy, S. 193 G/Filippo Maria Bianchi, S. 194 M/Alamy, S. 194 M/Alamy, S. 195 G/adoc-photos, S. 195 G/Marco Secchi, S. 195 G/Mondadori Portfolio, S. 196 G/John Warburton-Lee, S. 196/197 Look/age fotostock, S. 197 M/Alamy, S. 197 G/Imagno, S. 198 M/Alamy, S. 198 M/Alamy, S. 198/199 G/Alamy, S. 199 M/Alamy, S. 199 G/De Agostini Picture Libary, S. 199 G/De Agostini Picture Libary, S. 200/201 G/SuperStock, S. 201 M/Stefan Espenhahn, S. 202/203 H. & D. Zielske, S. 203 Look/age fotostock, S. 203 M/Christian Beutler, S. 204/205 M/Robert Harding, S. 205 M/Alamy, S. 205 G/De Agostini Picture Libary, S. 205 G/G. Dagli Orti, S. 206/207 Look/age fotostock, S. 207 M/Alamy, S. 207 M/Alamy, S. 207 G/Andrea Spinelli, S. 207 G/Andrea Spinelli, S. 207 G/Andrea Spinelli, S. 208/209 G/SuperStock, S. 210/211 G/Bojan Brecelj, S. 211 M/Alamy, S. 212/213 G/Dakin Roy, S. 213 G/Dakin Roy, S. 213 G/David C Phillips, S. 213 G/Lonely Planet, S. 213 G/Todd Gipstein, S. 213 G/Todd Gipstein, S. 214/215 Look/Rainer Mirau, S. 215 G/Sylvain Sonnet, S. 215 G/Sylvain Sonnet, S. 216 G/G. Sosio, S. 216/217 M/Alamy, S. 217 M/Christian Guy, S. 217 G/Ivan Yang, S. 217 G/Ivan Yang, S. 217 G/Ivan Yang, S. 217 G/Picavet, S. 218/219 G/Peter Zelei, S. 219 Look/age fotostock, S. 219 Look/age fotostock, S. 219 G/Diana Robinson, S. 220 M/Alamy, S. 221 M/Alamy, S. 221 M/Alamy, S. 221/222 M/Alamy, S. 222/223 M/Alamy, S. 223 Look/Sabine Lubenow, S. 224/225 M/Alamy, S. 225 M/age fotostock, S. 225 M/Alamy, S. 225 M/Alamy, S. 226/227 M/Alamy, S. 227 Look/age fotostock, S. 228/229 Look/Sabine Lubenow, S. 229 G/Dave G. Kelly, S. 230/231 G/Sabine Lubenow, S. 231 M/Alamy, S. 231 M/Alamy, S. 232/233 Look/Holger Leue, S. 232/233 G/Picavet, S. 233 G/Aldo Pavan, S. 233 G/Aldo Pavan, S. 234/235 Look/age fotostock, S. 235 M/Egon Bömsch, S. 235 Look/Katharina Jaeger, S. 236/237 Look/Sabine Lubenow, S. 237 M/Hartmut Albert, S. 237 G/Mondadori Portfolio.

© 2017 Kunth Verlag GmbH & Co. KG, München
St.-Cajetan-Straße 41
81669 München
Tel. +49.89.45 80 20-0
Fax +49.89.45 80 20-21
www.kunth-verlag.de
info@kunth-verlag.de

Printed in Slovakia

Text: Stefan Jordan, Andrea Lammert
Redaktion: Jennifer Künkler

Alle Rechte vorbehalten. Reproduktionen, Speicherung in Datenverarbeitungsanlagen, Wiedergabe auf elektronischen, fotomechanischen oder ähnlichen Wegen nur mit der ausdrücklichen Genehmigung des Copyrightinhabers.
Alle Fakten wurden nach bestem Wissen und Gewissen mit der größtmöglichen Sorgfalt recherchiert. Redaktion und Verlag können jedoch für die absolute Richtigkeit und Vollständigkeit der Angaben keine Gewähr leisten. Der Verlag ist für alle Hinweise und Verbesserungsvorschläge jederzeit dankbar.